温儒敏／主

U0464035

探索中亚的史诗

张 骞 传

王海威 著

长 春 出 版 社

全国百佳图书出版单位

图书在版编目（CIP）数据

探索中亚的史诗：张骞传/王海威著.--长春：
长春出版社,2018.1（2020.1重印）
（常春藤传记馆/温儒敏主编）
ISBN 978-7-5445-5071-0

Ⅰ.①探… Ⅱ.①王… Ⅲ.①张骞(?-前114)-传
记 Ⅳ.①K827=341

中国版本图书馆 CIP 数据核字(2017)第284997号

探索中亚的史诗:张骞传

著　　者	王海威
责任编辑	李玺楠
封面设计	楠竹文化

出版发行	长春出版社
总 编 室	0431-88563443
市场营销	0431-88561180
网络营销	0431-88587345
地　　址	吉林省长春市长春大街309号
邮　　编	130041
网　　址	www.cccbs.net

制　　版	佳印图文
印　　刷	吉林省信诚印刷有限公司

开　　本	787毫米×1092毫米　1/32
字　　数	110千字
印　　张	6.5
版　　次	2018年1月第1版
印　　次	2020年1月第5次印刷
定　　价	19.80元

总　序

温儒敏

十多年前，我主持人民教育出版社高中语文教材的编写，其中选修课就专门设置有《中外传记选读》一种，我自己还动手编写了这本教材。因为受高考"指挥棒"影响，一般学校的选修课未必真能让学生自主选修，很多选修教材编出来都没有使用，但《中外传记选读》一直很受欢迎，每年都有重印。这让我对传记的阅读推广有了特别的关注。

我还注意到最近三四年高考语文试题命制的一种趋向，无论全国卷还是其他省市卷，阅读题往往都选传记作为材料。比如2016年全国卷的甲、乙、丙三个卷子，文言文阅读的材料全是传记，包括《明史·陈登云传》（甲卷）、《宋史·曾公亮传》（乙卷）和《明史·傅珪传》（丙卷）；现代文阅读的实用类文本也多用传记，节选了《吴文俊传》和《陈忠实传》。可见传记阅读越来越受到重视，考试也有意往这方面引导。

中小学语文教材也应当多选一些传记。现在

探索中亚的史诗
——张骞传

教育部正组织编写一套新的义务教育语文教科书，聘我担任总主编，这套新教材就选了不少名人传记，并鼓励学生多读传记。

为什么中小学生要多读传记？我曾在《中外传记选读》的前言中说过理由，这里不妨转述一下：

同学们都渴望能拥有健全、快乐和成功的人生，现在的学习阶段就在做准备，而且其本身就已经是你人生经历的一部分。我们该怎样设计自己的人生？当然最重要的还是学习。除了学习文化知识，还要从历史人物或者成功的人物身上学习宝贵的生活道理、人生哲学以及获取成功的途径。这就是励志教育，是人生教育中非常重要的部分。人都需要不断添加生活的动力，特别是在年轻的时候，要有偶像和楷模，有高远目标的激励。如同英国思想家培根所说过的："用伟人的事迹激励我们，远胜一切的教育。"让同学们从那些杰出的成功的人物身上吸取人生的经验，从前人多种人生道路的选择中寻找我们各自的"契合点"，这就是我们设立这门课的主要目的。

这里说的"设立这门课的主要目的"，其实

也是我们推出这套"常春藤传记馆"丛书的目的。

"常春藤传记馆"丛书由北京大学语文教育研究所组织编写，长春出版社出版。丛书每本10万字左右，其选目、内容和写法都是为中小学生"量身定制"的。我们希望这套丛书能作为基本图书进入中小学图书馆。和其他同类传记图书相比，"常春藤传记馆"丛书有四个特色：

一是传主覆盖范围广。包括中外古今各个领域的名人，涉及政治、军事、科学、实业、社会活动、文学、艺术、革命等领域。重点考虑有代表性的、在精神层面可以给学生激励的那些名人。

二是和课程教学有呼应。中小学除了语文，各个学科的教材和教学都会涉及中外古今各个领域的著名人物，选择主题首先考虑这一情况，选取学生有所接触又可能希望进一步了解的那些名人。这可以满足学生不同的兴趣爱好。

三是专门为中小学生编写。本套传记不是专业性强的评传，而是重在勾勒传主生平事业贡献的小传，内容和文字力求深入浅出，生动形象，有趣有味。阅读对象接受水平可以定位在初中程度，也可以稍高一点。特别是有些理科方面的传记，主要面对高中生。其实，小学生的课外阅读也要取法乎上，他们可以读这套为中等文化水平

总序

的读者设计的书。

四是内容安排上特别注重励志及健全的人格心理引导培养，在叙说传主生平事迹时，适当地自然地凸显这些方面的思考。

丛书取名"常春藤传记馆"，有特别的含义。"常春藤"是一种多年生常绿藤类灌木。美国哈佛大学等几所著名的私立大学，组成体育联盟，叫"常春藤盟校"，其起名是因为这些老校的校舍墙上常攀缘有常春藤。本丛书以"常春藤传记馆"作为标识，是虚拟的意象，可以联想到著名的学府，也可以联想到古代的书院，从而营造浓郁的阅读氛围和宁静的心境。另外，"常春"和"长春"同音，暗含这套丛书是由长春出版社出版的。

但愿广大师生喜欢这套书，也期盼大家提出批评建议，共同来经营好这套书，让"常春藤传记馆"更好地满足广大读者，特别是中小学生课外阅读的需求，满足语文教学的需求。

2016 年 6 月 30 日济南历下

（温儒敏，山东大学一级教授，北京大学中文系教授，教育部聘义务教育语文教科书总主编）

前　言

　　公元前 3 世纪，生活在欧亚大陆北部的游牧民族匈奴，原为夏后氏遗民，后与当地土著融合，成为一支勇猛善战且嗜血的民族。冒顿单于时期，匈奴帝国日益强大，占领了东达辽河流域，西达葱岭（今帕米尔高原），南达秦长城，北至贝加尔湖一带的辽阔领土，并不断袭扰汉朝边境，成为汉朝的心腹大患。

　　白登之围让汉高祖对匈奴不得不采取和亲输贡的策略，从而换来了汉朝休养生息的时间和空间；至文景之治使得汉朝国力有所增强；汉武帝所接手的汉朝却面临着日益强大的匈奴。此时，一个匈奴的俘虏带来了消息：被匈奴击破西迁的月氏有寻找攻守同盟以报世仇之意，武帝正中下怀，随即张榜招募使者出使西域。刚刚 25 岁的汉中人张骞应募，带领一支由匈奴的堂邑氏甘父和刑徒之辈组成的汉使随行队伍从长安出发，历经13年的首次出使就这样开始了。

　　张骞一生两次出使，凿空西域，连接西南，一条贯穿了欧亚的商贸、文化交流的大动脉——丝绸之路由他而开辟。正如瑞典著名探险家斯文·赫定所说，张骞是"最伟大的中亚地理探索者"。本书将从传记的角度还原张骞凿空西域路上的种种故事，同时揭秘他晚年鲜为人知的伟业……

目录
contents

第一章
武帝张榜，张骞应募

张骞，这个名字在中国家喻户晓。他名留青史是因为他分别在公元前 139 年和公元前 119 年两次出使西域。但是，记载张骞生平事迹的史料极其有限，只有《史记》和《汉书》上的寥寥数笔。然而，张骞又是对中国历史乃至世界历史至关重要的人物。可以说，如果没有他，整个中国历史，乃至世界历史都会发生改变。对中国来说，他是改变中国和西域关系的人物；而对世界来说，他使得亚洲和欧洲得以贯通。这一壮举，被史家称为"凿空"，更有人将他两次出使西域称为"探索中亚的史诗"。张骞的一生又与一位伟大的君王汉武帝刘彻息息相关，汉武帝若干伟业的背后，都有张骞的足迹。而张骞本人也是中国第一位出使异域的外交家，在他之后，中国历史更是开创了一个具有独特精神追求的外交家序列。

约公元前 164 年，张骞出生在汉中城固县。城固县位于陕西省汉中盆地中部，汉朝时这里隶属于汉中郡。汉朝开国皇帝刘邦初为王时便屯军汉中，建国后置汉中郡，辖 12 县，一共有 10 万户籍，人口 30 余万。汉中盆地南北长，东西窄，中部的汉江平原区域气候宜人，冬无严寒，夏无酷暑，土地肥沃，物产富庶。城固县城紧临汉水，交通便利，商贸往来十分兴旺。

虽然张骞青少年时期的身世，在历史上没有任何记载，但可以想象，新生命的诞生，给了这个家庭无穷的喜悦和希望。张骞没有辜负这份期望，在 25 岁的时候，就已经在朝中担任"郎"。

"郎"这个官名由来已久。在秦朝时，名为郎中令，汉朝沿用此名。郎分为议郎、中郎、侍郎、郎中四等，人数最多能达到五千人。这个人数众多的群体主要的职责是守卫宫殿门户，后来也开始总领宫内事务，尤其是当帝王外出，他们负责车乘辇舆，在帝王身边随时听候差遣。汉武帝太初元年，即公元前 104 年，"郎中令"改名"光禄勋"，为九卿之一，名称一直沿用至清。虽然这是个小官，但张骞能得到"郎"的资格，并不是件轻而易举的事。这与汉朝的选官制度有关。

我国古代人才选拔方式有多种，曾经盛行"世卿世禄制"。春秋中后期，国家的皇亲贵族，他们的职位和俸禄世代继承，包括他们受封的土地和赋税。不得不说这个制度有利于稳定，但也会造成政治的封闭系统，越来越壮大的封建集团逐渐影响威胁到中央政权。因此，秦孝公渠梁时，任用商鞅变法，废除了这个制度，实行军功爵位制。

军功爵位制，顾名思义，是以军功大小评定政治地位和俸禄的官制。秦始皇统一中国后，发展出了一套完备的二十级爵制，分别为：一级公士，二级上造，三级簪袅，四级不更，五级大夫，六级官大夫，七级公大夫，八级公乘，九级五大夫，十级左庶长，十一级右庶长，十二级左更，十三级中更，十四级右更，十五级少上造，十六级大上造（大良造），十七级驷车庶长，十八级大庶长，十九级关内侯，二十级彻侯。汉时刘邦沿用了军功爵位制，但是做了一些变动，在二十级爵位之上，又增加了一个王爵。

在战争年代和建国初期，这套官制极大地鼓舞了士气，有效地调动了士兵的积极性，成为统治者凝聚人心的政治利器。不过，随着和平的到来，对人才的需求大大增加，从前适用于战争时期的制度无法完全满足治国的需要，军功制所选拔出来的军事人才，无法填补文官系统的空白，因此汉朝开始了察举人才的制度。

公元前196年，汉高祖刘邦下《求贤诏》：

> 盖闻王者莫高于周文，伯者莫高于齐桓，皆待贤人而成名。今天下贤者智能，岂特古之人乎？患在人主不交故也，士奚由进？今吾以天之灵，贤士大夫，定有天下，以为一家。欲其长久，世世奉宗庙亡绝也。贤人已与我共平之矣，而不与吾共安利之，可乎？贤士大夫有肯从我游者，吾能尊显之。布告天下，使明知朕意。
>
> 御史大夫昌下相国，相国酂侯下诸侯王，御史中执法下郡守，其有意称明德者，必身劝，为之驾，遣诣相国府，署行义年，有而弗言，觉免。年老癃病，勿遣。（《汉书·高帝记》）

"王者"莫高于周文王，"伯者"莫高于齐桓公。伯，通假"霸"。所谓王者与伯者，其实就是王道与霸道的区别。王道代表着完善的伦理道德境界和完美的社会政治秩序，以仁爱为基本精神，以仁政为基本主张。霸，原指诸侯之最强者，所谓霸道，就是以春秋五霸为代表的用于称霸的治国之道。《孟子》说，"以力假仁者霸，霸必有大国"，指的是标榜仁义，实则实行兼并、侵略、凌弱的强权政治。在这里，刘邦抬出两种政治理念的代表人物，却找到了他们共同点："令天下贤者智能"——无论是王道还是霸道，都是依靠贤才才能成就大业。在这封诏书中，刘邦表达了对人才的渴慕之情，并许诺："贤士大夫有肯从我游者，吾能尊显之。"他还特地指派了这条诏令下达的路线，从御史大夫到丞相，再由丞相传达给诸侯王，这是国的路线；而由御史中执法传达给各郡最高长官，这是郡的路线。由此一来，从中央到地方的官员，统统都要"身劝"人才为国家效力！

汉高祖开启了诏举人才的先河。之后，汉文帝也曾两次下诏"举贤良方正能直言极谏者"，"诸侯王、公卿、郡守举贤良能直言极谏者"。察

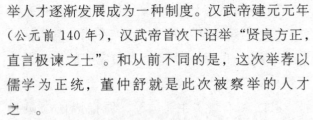

举人才逐渐发展成为一种制度。汉武帝建元元年（公元前140年），汉武帝首次下诏举"贤良方正，直言极谏之士"。和从前不同的是，这次举荐以儒学为正统，董仲舒就是此次被察举的人才之 。

察举科目很多，有孝廉、秀才、明经、明法、贤良方正、直言极谏、孝悌力田等十几种。郎中令属于孝廉科，秀才科的对象主要针对朝中现任的官吏，而孝廉科则针对普通青年，是普通青年入仕的正途。孝廉科是一种集举荐和考试为一体的选官制度，国家每年在固定的时候进行岁举，地方以"郡"为单位推举孝廉参加国家的考试。推选的名额有严格限制：二十万人的郡国每年举一人；不满二十万人的两年举一人；不满十万人的三年举一人；针对人数很少的边境郡国，则有一些适度的照顾，只要达到十万人以上则可以岁举一人。

这样看来，能得到郡国的举荐，便非易事。孝廉考察的是人才的品德，在得到推举之后，还要经过更为严格的对策考试。对策考查的范围是经学，考的是对儒学的理解、对国家大势的认识。经过上述两道门槛，考生才能被皇帝录用。

张骞能通过这样严苛的选拔，从侧面也印证了史书对张骞的描述。班超称誉张骞"为人强力，宽大信人"，是足以堪当重任的贤良方正之士，无论是操行、品格还是才略，张骞都有过人之处。正因如此，张骞通过了苛刻的选拔程序，从汉中的城固县博望村来到长安。他的未来几乎已经可以看得很清晰：由郎中令开始，或被皇帝升迁至中央，或被委派至地方担任官吏。

　　那一年，张骞刚刚 25 岁，正是血气方刚的年纪。和所有年轻人一样，他充满建功立业、报效君国、光宗耀祖的雄心。很快，一个从天而降的机遇即将改变他的一生。建元二年即公元前 139 年，汉武帝刘彻在朝廷张榜，要招募一个使臣，出使西域。

　　建元二年是汉武帝刘彻在位的第三个年头。景帝前元年即公元前 156 年 7 月，汉武帝生于猗兰殿。关于这个宫殿的名字还有一桩异闻：

　　　　汉武帝未诞之时，景帝梦一赤彘从云中直下，入崇兰阁。帝觉而坐于阁上，果见赤气如烟雾来蔽户牖。望上，有丹霞蓊郁而起，乃改崇兰阁为崇芳阁。后王夫人诞武帝于此殿。有青雀群飞于霸城门，乃改为青雀

门。乃更修饰，刻木为绮橑。雀去，因名青绮门。（《汉武洞冥记》）

在汉武帝未降生之前，汉景帝曾经梦到一头红色的小猪从云中降落，冲入了宫中的崇兰阁。汉景帝醒来后记忆犹新，在好奇之中他前往崇兰阁一探究竟，一见之下，顿觉那里的风水非同一般，"赤气如林，木蔽户牖，望阁上有丹霞蓊郁"（见《类编长安志卷之二》），或许是被这个略显奇特又有吉祥含义的梦境所鼓舞，汉景帝将崇兰阁改名为猗兰殿，后来，汉武帝便降生于此。刘彻4岁被立为胶东王，7岁被立为皇太子。后元三年即公元前141年，正月甲子，汉景帝崩于未央宫，太子刘彻即位，那年汉武帝只有15岁；到张榜招募使臣的公元前139年，他才17岁。

汉武帝张贴皇榜一段时间后，满朝文武无一应募。为什么汉武帝会在公元前139年张榜？这个时间点有什么特殊性？为什么张榜又无人应募？这种局面出现的深层原因在哪里？汉武帝通西域的动机又有哪些？

一般来说，谈起汉武帝通西域的动机，都会援引《史记》的记载：当时的匈奴俘虏带来消息，说被匈奴破国的月氏想要找到援手，一起抗击匈奴。这个说法固然有史料的支持，但月氏西迁是在公元前177年，为何要等到公元前139年，汉朝的统治者才想起要联合月氏断匈右臂？还有人根据史料所记汉武帝"夜梦金人"的蛛丝马迹，认为汉武帝派张骞西行，是求仙、求长生之法。但很难想象，一个刚刚17岁的年轻人会想要派人千里迢迢去寻找子虚乌有之法。更何况，如果真是出于这个目的，那满朝文武为何无人响应，反倒是一个无足轻重的郎官积极应募？史书上的只言片语无法让人洞悉当时真正的历史情境，要理解这些问题，必须梳理当时政治经济的内部与外部的双重背景。

只有17岁的汉武帝，面临着空前复杂的政治形势——内有外戚擅权，外有匈奴威胁。

在宫廷，窦太后窦漪房摄政，以她为首的外戚势力把持着朝政，窦太后虽然是汉武帝的嫡亲祖母，但他们的关系一直非常微妙。窦太后和汉文帝生了两个儿子一个女儿。女儿名字叫刘嫖，人称窦太主的长公主，长公主的女儿便是汉武帝的第一位皇后陈阿娇。窦太后的长子刘启便是汉景帝，不过窦太后最爱的不是这个长子，而是次子梁王刘武。《史记·梁孝王世家》记载：

孝王，窦太后少子也，爱之，赏赐不可胜道。于是孝王筑东苑，方三百余里。广睢阳城七十里。大治宫室，为复道，自宫连属于平台三十余里。得赐天子旌旗，出从千乘万骑。东西驰猎，拟于天子。

无穷无尽的赏赐，广大的封地，堪比天子的阵仗，这一切，都可看出窦太后对梁王刘武宠溺至极。窦太后对小儿子的宠爱甚至逾越了应有的界限，她竟然让汉景帝立弟弟梁王为太子，接替皇位。太后的这种言行让汉景帝深感不安，他向因病辞官的楚相袁盎求助。袁盎，汉代名臣，被后人称为"无双国士"，敢于仗义直谏，曾经上书杀晁错而促使七国之乱迅速平定，因而深得皇帝仰赖。袁盎为维护汉景帝的立嗣权力，上书阻挠窦太后的提议。他本就是意见领袖，他的上书也带动了一批臣子的响应，立梁王为太子的事情就这么被搁置了。汉景帝顺理成章地立刘彻为太子，他的弟弟梁王的皇帝梦就此破碎。可是事情并未就此终止，梁王对袁盎怀恨在心，居然派刺客将袁盎杀死在安陵廓门外。汉景帝明明知道梁王是幕后主使，但迫于窦太后的干涉，甚至都没有直接治罪梁王。从这些往事足见窦太后对朝政的影响力；也可以想象，亲生母子之间尚且如此，何况刘彻和祖母之间？他们的关系，并不和谐。

汉武帝和窦太后之间的矛盾，在公元前140年前后，也就是汉武帝张榜招募西域使臣之前达到了顶峰。公元前140年，董仲舒献《天人三策》，宣扬君权神授，他的学说符合中央集权的政治需求，被汉武帝采纳。汉武帝开始推行"罢黜百家，独尊儒术"的政策，并颁布了一系列的新政，包括"征贤良方正"、对九十岁以上老人予以补贴和赦免战争罪犯、罢苑马以赐平民等，在这些措施之外，又"议立明堂"。这一系列举动，迅速激化了汉武帝和窦太后之间的矛盾。

西汉立国以来坚持"黄老政治"的传统，讲究无为而治，而窦太后本人也喜好黄老之学。汉武帝立明堂等举动无疑触动了汉朝政治理念的根基。作为地方豪强和军功贵族利益的代表，窦太后表现出了强烈的反应。建元二年（公元139年），御史大夫赵绾与郎中令王臧上书汉武帝，建议不要再将政事禀奏窦太后。窦太后闻之勃然大怒，将二人下狱，二人随后在狱中自杀。不久，汉武帝推行的新政也全部被废除。

这个政治悲剧足以从侧面解释汉武帝张榜招募而无人应募的局面，应该说，这种局面，上至国君下至满朝文武，都并不意外。丞相许昌本就是太后任命，这一系是典型的黄老信徒，唯太后之命是从，自然不会应募。在某种意义上，这乃是后党对帝党的一种示威，也是少年皇帝无法真正控制国家、控制政局的真实写照。

在当时的政局里，算得上汉武帝嫡系的，应该只有郎官系统，这个刺史以下的中下层官吏群体，曾产生了刺史赵绾和郎中令王臧，当然也包括张骞。这些年轻人随侍汉武帝左右，如果汉武帝的新政得以推行，他们会因此而得到拔擢，于情于理，这个群体自然对皇帝忠心耿耿。在皇帝推行新政遭受保守势力围攻的情况下，他们必须支持皇帝。在那一代郎官之中，"为人强力，宽大信人"的张骞想必是其中的佼佼者。他的应募，固然是因为报效君国、光宗耀祖的动机，也极有可能是被武帝看中，曲线示意其揭榜。因此，皇帝张榜，一个名不见经传的郎官先于群臣而揭榜，是偶然也是必然。张骞呼应了汉武帝的召唤，也给后党的示威交出了一份充满青春朝气、不乏胆略的答案！

内宫政治只是汉武帝复杂处境的一方面。如果说朝廷内部的矛盾和冲突，还可以通过政治手段来解决，那么匈奴的存在和威胁，已经直接影响到汉朝统治的根基。

关于匈奴的来源，历来说法莫衷一是。[①] 根据《史记·匈奴列传》记载，匈奴的祖先是夏后氏之后，即所谓淳维者：

> 夏桀无道，汤放之鸣条，三年而死。其子獯鬻……避居北野，随畜移徙，中国谓之匈奴。

在匈奴建立政权以前，东北亚草原散布着大小不同的氏族部落。匈奴建立政权后，将辖区分为中央王廷、东部左贤王、西部右贤王，控制着从里海到长城的广大地域，包括今天的蒙古国、

---

①匈奴，法国东方学家约瑟夫德经(1721—1800)在1757年的《匈奴通史》中以 Hunni 或 Hunnen 来指称这个民族，但德国东方学家海因里希·尤利乌斯·克拉普罗特(1783—1835)认为中国人说的匈奴是指突厥族。1899年，德国汉学家夏德(1845—1927)考证出《魏书》中的匈奴王忽倪就是Hunnen 王的小儿子 Hernac，从这以后，约瑟夫德经的"Hunnen 是匈奴说"得到大多数人的赞同。

俄罗斯的西伯利亚、中亚北部、中国东北等地区。

自西周起，匈奴便开始威胁中原王朝，双方冲突不断，但中原王朝一直占上风。战国末期，赵国名将李牧出动战车 1300 乘、骑兵 1.3 万人、步兵 5 万、弓箭手 10 万，与匈奴会战，大破匈奴十余万骑，从此匈奴十余年不敢南犯。秦始皇统一中国后，公元前 214 年，命蒙恬率领 30 万秦军北击匈奴，收河套，屯兵上郡（今陕西省榆林市东南）。《过秦论》充满英雄气概地描述了这场战斗的结局："却匈奴七百余里；胡人不敢南下而牧马。"之后，为了防御匈奴，蒙恬从榆中（今属甘肃）沿黄河至阴山构筑城塞，连接秦、赵、燕五千余里旧长城，据阳山（阴山之北）逶迤而北，并修筑北起九原、南至云阳的直道，构成了北方漫长的防御线。在蒙恬御守北防的十余年间，匈奴都不敢再犯。

看似长治久安的情况从匈奴冒顿单于开始发生了变化。冒顿，德国汉学家夏德[1]认为是突厥

---

[1] 德国汉学家夏德（1845—1927），在中西关系史、匈奴史、先秦史等诸方面贡献巨大。

语的 Baghadur 或者 Baktur，意思是勇者；而日本学者白鸟库吉①则认为是 Bogdo，意思是神者。无论是勇者还是神者，冒顿的确是一位传奇性的匈奴领袖。

冒顿的父亲是头曼单于。冒顿虽然贵为匈奴太子，但并不受宠，头曼单于真正喜欢的是阏氏皇后的儿子，并在暗中谋划取而代之。因此，头曼单于将冒顿派往月氏作为人质。公元前 209 年，就在冒顿在月氏充当人质期间，头曼单于发兵攻打月氏。这立刻将冒顿陷于危险之地，月氏将满腔的恼恨迁怒于冒顿，想杀之而后快。冒顿没有任何退路，只有置之死地而后生。他盗马逃回匈奴，保住了一条性命。头曼单于觉得他十分英勇，便给了他一万骑兵让他统领。不过，冒顿心中十分清醒，他明白父亲不肯容他，寄人篱下终非长久之计。

> 冒顿乃作为鸣镝，习勒其骑射，令曰："鸣镝所射而不悉射者，斩之。"行猎鸟兽，有不射鸣镝所射者，辄斩之。已而冒顿以鸣

---

① 白鸟库吉（1865—1942），日本史学界泰斗，东京文献学派创始人。

镝自射其善马，左右或不敢射者，冒顿立斩不射善马者。居顷之，复以鸣镝自射其爱妻，左右或颇恐，不敢射，冒顿又复斩之。居顷之，冒顿出猎，以鸣镝射单于善马，左右皆射之。于是冒顿知其左右皆可用。从其父单于头曼猎，以鸣镝射头曼，其左右亦皆随鸣镝而射杀单于头曼，遂尽诛其后母与弟及大臣不听从者。冒顿自立为单于。（《史记·匈奴列传》）

从这个"鸣镝弑父"的掌故中，我们可以看到冒顿单于的凶蛮和谋略，为了彻底操控亲随，他先杀鸟兽，再杀自己的坐骑，最后又杀死自己的爱妻，最终训练出了一批听从号令的杀人机器，鸣镝弑父，自立单于。在这个有勇、有狠、有谋的冒顿单于的带领下，匈奴开启了全盛时代。从公元前209年至公元前128年，三代单于——冒顿、老上、军臣跨越了从秦二世元年到汉武帝元朔元年的漫长八十一年，在这几乎一个世纪的时间里，匈奴一直是西域霸主。

冒顿单于即位后，开始对外扩张：向东大败东胡王，向南并吞了楼烦、白羊河南王，随即开始了和汉王朝的正面冲突。面对冒顿，中原王朝开始节节落败。汉高祖六年（公元前201年），刘邦将韩王信改派到代地，建都马邑匈奴城。匈奴大规模进攻马邑，韩王信投降匈奴。尔后，匈奴向南越过句注山，攻打太原，直到晋阳城下。次年，刘邦亲自领兵迎击匈奴，在白登（今山西大同东北）被匈奴冒顿单于率领的四十余万骑兵围困七昼夜，史称"白登之围"。那时正值严冬，援兵未到，粮草几乎断绝，为了全身而退，刘邦采纳了娄敬的建议，以"和亲"、输币以及开放关市作为交换条件与匈奴订立盟约，匈奴因此而退兵。

"和亲"也成为后来汉文帝、汉景帝的外交政策。表面上，汉王朝保住了面子，可实际上，这只是一种缓兵之计，汉朝的统治者当然知道匈奴当面称和，实则愈发强盛和骄纵，不过，当时汉朝因此获得进一步发展实力的时间和空间。有了和亲政策，匈奴虽然一直在边境小打小闹，但的确不再大规模进犯，而是转向月氏王国。

在公元前2300年，月氏出现在伊朗高原西部，后来翻越葱岭，一路东迁，长途跋涉，在大约不晚于公元前1000年的时候，月氏迁徙到了塔里木盆地边缘的绿洲，游牧于河西走廊西部张掖至敦煌一带，势力强大，一直是匈奴的劲敌。月氏一度强大到胜过匈奴，也正因如此，冒顿单于才在年轻的时候被父亲送往月氏作为人质。冒顿单于和月氏之间的宿仇到了公元前177年终于得报，匈奴右贤王率精骑袭击了河西走廊的月氏国，这次出击，给月氏以沉重的打击。

公元前174年，冒顿单于去世，他的儿子稽粥即位，称老上单于。老上单于更加残暴，在对付汉朝的策略上也更有谋算。这里不得不提到老上单于身边的一位汉朝宦官——中行说。中行说本来是汉文帝的太监，汉文帝却要他作为陪嫁送公主去匈奴和亲，他因而怀恨在心，投靠匈奴，被称作历史上第一个"汉奸"。此后，他一心为匈奴出谋划策，并竭力劝说匈奴不要贪恋汉物，更不要在生活习惯、文字语言、衣食风俗上汉化，要保持自己的特殊性来抵御汉朝的同化，并始终保持战斗力。在军事上，老上单于也改变了策略，不再直接冒犯，而是假意称和，专挑秋收前向汉朝索要钱物，否则就发兵践踏。而一旦汉朝发兵，他又迅速撤兵，使得汉廷无计可施。靠着这套策略，匈奴得到了许多好处，壮大了实力，因而空前强盛。

于是，老上单于将精力转向月氏，他延续了冒顿单于对月氏的攻势，月氏一战而国灭，所有被俘虏的月氏人被匈奴人屠杀殆尽。一起被杀死的还有月氏王。让人毛骨悚然的是，老上单于竟然用月氏王的头骨作为饮酒之器，这也让西域各国闻风丧胆。

> 匈奴破月氏王，以其头为饮器，月氏遁逃而常怨仇匈奴，无与共击之。（《史记·大宛列传》）

月氏在怨恨中遁逃，破国后的月氏人大部分西迁至伊犁河流域及伊塞克湖附近，这一部分被称为大月氏；而留在河西走廊的残众与祁连山的羌族混合，被称为小月氏。大破月氏之后，匈奴成了名副其实的西域霸主，号称统领西域三十六国。

在月氏未破之时，河西走廊是汉朝和匈奴之间的天然屏障。月氏破国之后，汉朝和匈奴之间的屏障消失了，汉朝不得不直接面对匈奴的袭扰。此时的匈奴，对汉朝的觊觎和野心，已经显露无遗。但是，要攻打汉朝，匈奴也没有必胜的把握。因此，老上单于并未直接展开攻势，而是开始了一次又一次的试探和摸底。

汉文帝十四年（公元前 166 年）冬，老上单于挥兵十四万直抵彭阳，先锋人马火焚大汉回中宫，远哨铁骑逼近长安。汉文帝当即下令反击，但老上单于未曾父战，随即撤兵出塞，等待下一次机会。但时间并没有给他又一次良机，公元前 160 年，老上单于病逝，他的儿子军臣单于继位。

军臣单于的目标非常明确，继承父志，发兵汉朝。景帝三年（公元前 154 年），汉景帝采用晁错的《削藩策》，七国之乱爆发。军臣单于趁机联合七国，准备攻入长安。但七国之乱旋即被平息，军臣单于放弃了进攻的计划。为了给汉朝创造长久的发展机会，汉景帝不得不延续和亲政策，而匈奴似乎也安于现状，在随后的时间里不再大规模侵袭，双方似乎达成了某种默契。

这种微妙的平衡最终因为西迁的月氏而再次被打破。公元前 177 年，月氏破国后，为夺得生存的土地，击破敦煌附近一个小游牧部落乌孙，杀掉了部落首领难兜靡，难兜靡的儿子猎骄靡被部落残众救走投奔匈奴。三十余年之后，猎骄靡终于得到了为父报仇的机会。公元前 139 年前后猎骄靡率部出击月氏，从公元前 139 年到公元前

129 年之间，猎骄靡将伊犁河流域夺回，大月氏战败再次迁徙。他们穿过大宛，最终定居于阿姆河北岸。

猎骄靡初次攻打月氏时，月氏想寻找援手的消息传到汉地，一下点燃了汉武帝的雄心壮志。合纵连横，是先秦贯穿两汉的外交策略，而月氏所提供的东西夹击、压制匈奴的策略，又十分可行，汉武帝自然会想到招募使臣，替他潜入茫茫的未知的西域，去搭建合作的桥梁。这也成为汉武帝张榜的第二个契机。

宫廷政治斗争的需要、域外局势的变化，都是汉武帝在公元前 139 年张榜的契机和政治历史背景，但是，整个国家还有更深层的需要，在迫使汉武帝采取行动。

西汉建国之初，百废待兴，高祖很自然地实行重农抑商的政策。到汉文帝时期，晁错推行贵粟政策，商人竞买爵位，国家存粮大涨，商人的地位逐渐提高。一方面，汉朝的国力由此渐强，另一方面，几个大的商业中心也逐渐成形，这其中有洛阳、邯郸、江陵、成都，但最大的都会首推长安。

在《史记·货殖列传》中描写了当时长安经

武帝张榜，张骞应募 第一章

济之发达：

> 故关中之地，于天下三分之一，而人众
> 不过什三。然量其富，什居其六。

从汉高祖开始，到汉武帝，长安经过几代帝王将近七十年的经营，成为当之无愧的大都会。关中地区虽只占全国面积的 1/3，人口亦只有全国的 3/10，其财富却占了全国财富的 3/5。百姓固然殷实，但最豪阔的当属几个大商业集团——蜀卓氏、宛孔氏、邴氏、任氏、田氏、韦氏。

邴氏和宛孔氏的祖先是魏地的大梁人，炼铁为业，秦灭魏后，他们和宛孔氏家族迁徙到南阳郡。两个家族在南阳熔铜铸币，凿塘养鱼，富甲一方。而无盐氏，据《史记·货殖列传》记载，汉景帝为对付七国之乱，向豪强借贷，但是当时的富商对战事并无信心，因此不肯借钱。只有无盐氏以十分之一的利息借贷给国家。三个月后，吴楚七国之乱被平息，无盐氏因此而获得暴利，一跃成为关中首富。

当时，这些豪族大贾都居住在长安。彼时长安城八水相绕，是官道与水路相连的枢纽，与地方勾连出发达的路网。这个路网包括三条道路：

第一条是四通八达、沟通京都省府的官驿大道；第二条是宽阔笔直、足以与现代公路相媲美的直道；第三条，则是由天梯云栈构成，穿越川渝秦巴大山的西南邛蜀之道。商品通过这个发达的运输网，在长安汇集，不断地输往各地。彼时的长安不仅是政治文化的中心，也是名副其实的商业中心，大商人居住在长安，不仅享受到商路的通达，而且可以随时获得最新的政治、经济、文化信息，可谓占尽地利。

作为成熟的商人，他们每天都在思考怎样去获取更多的利益，他们头脑中的商业版图，绝对不止辖土之内。那时候，西域诸国都十分贪恋汉物，因此，在陇西郡和北地郡都设置了驿站，在匈奴打败月氏人以前，汉朝的商品通过与月氏人互市顺利地进入西域，汉朝的商人也获得了巨大的利益。这一条自发形成的商路，在《逸周书·世俘解》中曾有记载："凡武王俘商旧玉亿有百万。"甚至在《穆天子传》中，也通过姬满的奇遇，从侧面详细描述了这条商贸之路的路径：那八匹骏马的车辇，载着周天子离开镐京（西安），先东行到河南，然后北上到达山西滹沱河北岸，再折向西行，经内蒙古溯黄河而上，经过宁夏、

武帝张榜，张骞应募

第一章

甘肃、青海后，进入新疆，登昆仑山，再继续西行，到达今天南亚的巴勒斯坦一带，经过崦嵫山，见到了西王母，他们互赠礼物，包括丝绸。这则神话中也出现了这条商路的影子，甚至与今天我们所说的"丝绸之路"已经有吻合的部分。而在 1978 年发现的商都安阳殷王武丁配偶妇好墓中出土的大量新疆玉料，更可证明商路的真实存在。

可通向域外的商道在匈奴灭月氏后中断了，这无疑切断了这些商业集团的一大财路。因此，在现有的路网之外，汉朝的商业集团需要第四条道路——一条由中央政府控制并经营的、能够横跨欧亚的商路。因此他们在积极寻找一个搭建桥梁的人。

大财团的首脑们居住在长安，一为统领全局，二为结交皇亲贵胄以利经商，反过来，他们对国家政策也多少有一些影响力。而对统治者来说，争取到大财团的支持也颇为重要。特别是在汉武帝和窦太后内斗之际，谁能争取到商业集团的支持，无疑能增加实力和话语权，因此，大商贾们的诉求也在一定程度上影响了国君的决策。可见通西域不仅仅只是为了寻找战争的援手，也有开辟商路的原初动机。

这样看来，汉武帝通使西域的动机，一是为了宫廷斗争的需要，二是为了统治根基的平稳，三是为了国家经济的发展。在这种情况下，年轻的汉武帝张榜招募使臣，出使西域。刚满 25 岁的郎官张骞，勇敢地揭榜。可这复杂的、交织在一起的动机也意味着张骞即将担任的出使任务将会面临前所未有的复杂性和艰难险阻。

第二章
不可能的任务与"从天而降"的助手

　　我们无法考证张骞揭榜前后种种复杂的心理活动，但可以肯定，从张骞应募那一刻起，他就开始扮演一个自己根本无法想象的角色。按照常识，作为一个年轻的中下层官吏，张骞的资历、经验、能够调动的资源根本无法承担这样重要的外交任务。而在那样复杂的政治局势中，他能找到的援手少之又少。他经历了跟汉武帝一样的尴尬处境：无人追随。

　　无人追随的原因，一来可能是有人在复杂的政治环境中出于站队的考虑，不愿参与；二来，离开长安，穿越匈奴治下的西域，这简直是不可能完成的任务。在《史记·大宛列传》的结尾中，我们可以看到这份对于西域的恐惧：

河出昆仑，昆仑其高二千五百余里，日月所相避隐为光明也，其上有醴泉、瑶池。今自张骞使大夏之后也，穷河源，恶睹本纪所谓昆仑者乎？故言九州山川，《尚书》近之矣，至《禹本纪》《山海经》所有怪物，余不敢言之也。

当时的西域，在人们心目中，是不折不扣的方外之地。那里地势险峻，有高"二千五百余里"的昆仑山，遮蔽日月，暗无天光。而《山海经》中，还记载了很多出没于西域的怪物。《山海经》最早见于文字记载，便是由于司马迁的这段话。以今天的眼光看，《山海经》中的一些内容十分有想象力，特别是其中描述的一些怪兽。比如犀渠，它看起来像一头黑色的牛，虽然发出婴儿的声音，但是吃人；同样发出婴儿哭声的还有一种叫马腹的怪兽。另外一些虽然可以在自然界中找到类似的生物，但个头大出数倍，比如玄蜂，肚子大得如同陶壶；又如九尾巨蛇，九个尾巴都有小孔；而奚鼠，生活在冰层之下，重达千斤。还有一类是介于人类与动物之间的生物，比如傲因，穿着像是人类，却有利爪，最为可怕的是它的食物是人脑。即便在今天，这些对于怪兽

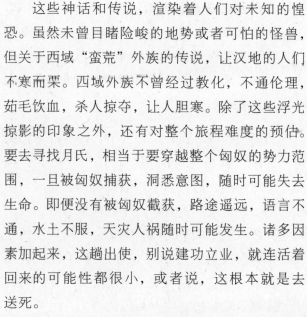

的描述，也足以让人惴惴不安，何况是在古代！

这些神话和传说，渲染着人们对未知的惶恐。虽然未曾目睹险峻的地势或者可怕的怪兽，但关于西域"蛮荒"外族的传说，让汉地的人们不寒而栗。西域外族不曾经过教化，不通伦理，茹毛饮血，杀人掠夺，让人胆寒。除了这些浮光掠影的印象之外，还有对整个旅程难度的预估。要去寻找月氏，相当于要穿越整个匈奴的势力范围，一旦被匈奴捕获，洞悉意图，随时可能失去生命。即便没有被匈奴截获，路途遥远，语言不通，水土不服，天灾人祸随时可能发生。诸多因素加起来，这趟出使，别说建功立业，就连活着回来的可能性都很小，或者说，这根本就是去送死。

在一些为张骞作传的著作中，曾经有人猜测张骞可能会挑选一些死囚作为随行，这个猜测，大有可能。此去西域，道路漫长，环境艰险，一般人的体力和胆略都无法支撑，可死囚本知命该归西，如若给他们一个机会，不仅能够保命，而且可依功劳减免刑罚，这些人必然肝脑涂地。但安全也是不得不考虑的因素，这些死囚，有的比匈奴人还要可怕，张骞如何控制他们？想必张骞看中的正是他们的凶悍，唯其凶悍，才能不惧匈奴。而要控制他们，只需要在背景上多下功夫，挑选一些上有耄耋父母下有妻子儿女的人员，并将其家眷留在汉地，便足以挟制。

　　这些猜测虽然不无道理，但在历史上没有任何史料对这支"百余人"的队伍有过记载。不过，根据常识推测，在这百余人之中，首先有一些官吏加入。这些官吏，作为张骞使团的随从，或负责文书记录、地图绘制，或负责出入官方文件的登记，这都是必要的配置；其中应当有一些武官，他们的任务，一是保护使团队伍的安全，二是对内管理，三则可能有一些前哨，负责打探路况、侦察敌情，等等，这样的人选也必不可少。同时还要有人负责后勤，要有负责烹饪的厨师，还应该有随行的医生，更应有一些马夫、脚夫，负责荷重、运载物品。根据《史记》的记载，张骞归国后，提供了大量关于西域的情报，其中包括地理、风土人情、动植物信息，因此他的队伍里，也许还有一些情报及技术人员，他们或通天文地理、水土勘察，或懂得人文博物，所以，从这个角度看，张骞的队伍，除了使团的任务之外，也不啻是一支科学考察队伍。

队伍算是拉起来了，接下来面临的问题，便是语言和路线的规划。这支队伍中的任何人，都从未去过西域，更不通那里的语言，他们急需可堪信任的帮手。鉴于匈奴控制了西域的绝大部分，因此找一个懂得匈奴语言的人便解决了语言不通的问题。但西去的路上，还得找到一个对西域环境有深入了解的向导来协助规划。可这样的人，到哪里去寻找呢？

　　他们最后找到的帮手名叫甘父。历史上并未有关于甘父的记载，他的出现可谓从天而降。关于甘父的记载，最早见于《史记·大宛列传》：

　　　　堂邑父故胡人，善射，穷急射禽兽给食。初，骞行时百余人，去十三岁，唯二人得还。

　　《史记》中的寥寥数语并未说清关于甘父的谜案，甚至对这个匈奴人的真实姓名，都有很多说法。《史记集解》认为甘父姓堂邑氏，字甘父[1]。

_____

　　[1]《史记集解》："《汉书音义》曰：堂邑氏，姓；胡奴甘父，字。"

而在《索隐》中认为甘父姓甘①，也有人认为堂邑氏是甘父主人的姓，他的名字叫甘父②。也就是说，关于这位追随张骞出使西域的匈奴人，只知道他的民族是匈奴，还是一位射箭高手，可他到底姓甚名谁，自古以来就有不同的观点。根据学者钱伯泉的考证，甘父真正的身份是在汉文帝十四年的战役中被汉军俘虏、然后赏赐给堂邑侯陈午的匈奴士兵。③ 如果按照这种说法推算，公元前139年，甘父已经在堂邑侯家服役二十七年，此时至少年近五十。二十多年的汉地生活，足以让他得到主人的信任。而陈午的夫人是窦太主刘嫖，她的女儿是汉武帝的陈皇后！

因此，甘父也许并非从天而降，而是汉武帝指派给张骞的助手。史料中并未记载汉武帝曾在朝廷百官面前将甘父指派给张骞，而甘父的身份和背景又暗示着他是汉武帝通过曲折的路径赐给

---

①《索隐》："案：谓堂邑县人胡奴名甘父也。下云堂邑父者，盖厚史家从省，唯称堂邑父而略甘字。甘，或其姓号。"

②师古曰："堂邑氏之奴，本胡人，名甘父。下云堂邑父者，盖取主之姓以为氏，而单称其名曰父。"《服虔》："堂邑，姓也，汉人，其奴名甘父。"

③见《"堂邑氏胡奴甘父"考辨》，钱伯泉，《民族研究》，1987年4月。

张骞的向导。如果真是这样，那我们可以从中窥见一位帝王的韬略，也可以领略到汉武帝对张骞真正的信心。我们可以想象，当张骞真正弄明白事情的来龙去脉，他对自己的君王会多么感激。在那一刻，或许在他的内心，除了建功立业的雄心，还有这种惺惺相惜的真情。

甘父的加入，使得翻译和向导的问题得以落实。甘父对西域的熟悉，使得张骞的团队对路线的制订和安排更加有把握。他们筹划了周密的应变策略，并制订了西去的路线：从长安出发，可有两条道路，一条是沿渭河而上，经过宝鸡、陇西、金城（兰州）进入河西走廊；一条是沿泾河向西北行进，经平凉、固原、景泰、进入河西。他们最终选择走第一条，因为这一路上都有完备的设施，可以让人马保存精力，从陇西到达兰州，离开兰州后，从靖远黄河古渡横渡黄河，他们进入了河西走廊。

河西走廊是张骞前往月氏的必经之地，这条天然的狭长地带位于甘肃境内。黄河以西、祁连山脉与蒙古高原南缘隆起的北山，形成了一条长一千公里，宽约一百至二百公里的通路，这就是河西走廊。沿着这条通路走，大约一个月就能到达阳关。可以说，河西走廊是通往西域的锁钥。进入河西走廊，他们将先后抵达武威、张掖、高台、酒泉，过嘉峪关到达玉门，在瓜州稍作休息后，直抵敦煌。

"欲安中原，必保秦陇；欲保秦陇，必固河西；欲固河西，必斥西域。"敦煌，是河西走廊通往西域的门户。"敦，大也；煌，盛也。"在张骞那个时代，敦煌被称作沙洲。在中国的历史上，"敦煌"这个词第一次提出，就是因为张骞。《史记·大宛列传》记载，张骞于公元前126年从西域返回长安后，向汉武帝报告西域见闻时提起了敦煌，虽然尚未置郡，但驻军已达十万。在敦煌莫高窟323窟北壁，有张骞出使西域图一幅三组，形象地描绘了汉武帝派张骞出使西域的情形。

可以说，从张骞开始，敦煌拉开了数百年的辉煌历史。张骞于公元前126年回到长安后，公元前121年霍去病击败匈奴，汉武帝设立武威、酒泉、张掖、敦煌、河西五镇，又在十年后设敦煌郡，将古长城延伸至敦煌，敦煌从此成为控制西域的基地。朝廷同时大量移民，发军戍守，开荒屯垦，敦煌经济得以迅速发展。而到了东汉，敦煌已成为统治西域的军政中心，历经魏、晋、南北朝、隋、唐而不衰。直到唐代迁都洛阳，政治中心东移，敦煌才逐渐衰落；但到清代因为治理新疆而再度崛起。万事俱备，至此，张骞出使的全部准备工作已经完成。

从敦煌出发，要到达大月氏，他们可以走北路，出阳关到楼兰（今新疆若羌），沿昆仑山北麓，经且末、精绝（今新疆民丰县北尼雅）、于阗（今新疆和田）、莎车到疏勒（今喀什），然后翻越葱岭（帕米尔高原），或南至罽宾（克什米尔）、身毒（印度），最后到达大月氏。

出发的日子到了。我们可以想象，张骞也许不止一次凝视他的母国都城。这座城市就像心脏一样，有力地将整个国家收束在一起，汉高祖在渭河南岸、阿房宫北侧、兴乐宫的基础上兴建了长乐宫和未央宫，正如它的名字的寓意，长治久安，不仅是君王的志向，也是臣民们共同的梦想，而这个梦想，要在张骞的足下，一步一步地开始。万里征途起长安，无论他走了多远，这个城市都像灯塔一样，永远关注着他。东汉张衡的《西京赋》写尽了汉朝人对这座都城难言的热爱：

……朝堂承东，温调延北，西有玉台，

联以昆德。嵯峨崾巘，罔识所则。若夫长年神仙，宣室玉堂，麒麟朱鸟，龙兴含章，譬众星之环极，叛赫戏以辉煌。正殿路寝，用朝群辟。大厦耽耽，九户开辟。嘉木树庭，芳草如积。……

张骞知道，此一别，不知何时才能再见，还未离开，张骞就已经开始思念这里，甚至超过思念自己的亲人。

张骞挂缰大喝，一群人转瞬就消失在烟尘中。

第三章
陇西被俘，龙城之会

在艰苦的路途上，所有人的目光都集中在张骞身上。他端坐马上，手持汉节，这不仅是他的身份和任务，也是一个国家的尊严。汉朝的符节依据功能分为四种：调动、邮递、身份、专使。因为凭信的重要性，汉廷中央设有专门掌管玺、虎符、竹符及授节等事的官员，名叫"符节令"。

所谓调动符节，一般是在调兵遣将或者官员调动时使用，在汉朝一般使用伏虎形状的虎符。邮传符节是信使在通过邮递驿站时所使用的凭信，汉朝使用的是刻有御史大夫印鉴的"木传"，持有木传便可住宿、通关，还可以根据邮件的缓急来使用不同的车马。身份符节则是通关的证明，汉代的身份符节被称为"符传"，会根据官吏的品级发放不同的凭证。而张骞所持的"汉节"

则是专使符节。

专使符节具有特殊的意义，因为专使符节代表这是皇帝的钦使，持有人代表的是君主和国家。因此，持节则代表的是对君王和国家的万分尊重，使者持节也因而具有了高于平时的权力，持节使者可斩杀二千石以下官员。正由于使臣持节，故此"使节"代指外交使者，这一用法沿用至今。根据颜师古对《汉书》的注解，汉节的形貌十分特殊："以旄为之，上下相重，取象竹节，将命持之以为信。"

西汉时汉节用长三尺的竹节制成，用三圈牦牛尾作为节牦；到了东汉，则改为八尺长，三圈节牦，而毛的颜色，汉以火德王天下，应该是红色，这一点可以从汉武帝征和二年（公元前 91年）七月发生的重大宫变中得到印证。根据《汉书·武帝纪》记载：

> 秋七月，按道侯韩说、使者江充等掘蛊太子宫。壬午，太子与皇后谋斩充，以节发兵与丞相刘屈氂大战长安，死者数万人。庚寅，太子亡，皇后自杀。初置城门屯兵。更节加黄旄。御史大夫暴胜之、司直田仁坐失纵，胜之自杀，仁要斩。八月辛亥，太子自杀于湖。

在这场史称"巫蛊之祸"的政变中，汉武帝和卫子夫所生的太子刘据被构陷因而起兵，汉武帝为了区别于太子，"更节加黄牦"，可以作为红色使节的旁证。

带着使命和抱负，带着对长治久安的梦想，张骞和他的使团开始了征途。对整个使团来说，张骞手中的汉节，就是他们的精神支柱和全部的依靠。

从长安到西域，张骞带领的队伍须从长安沿渭河，经过咸阳、宝鸡、天水到达陇西，从陇西进入甘肃境内，到达兰州，前往靖远，从渡口过黄河，一路经过武威、张掖最后到达敦煌。

陕西境内即从长安到陇西一段，他们需要沿渭河而行。

渭河，古称渭水，是黄河的最大支流，发源于甘肃省定西市渭源县鸟鼠山，所谓"三源孕鸟鼠，一水兴八朝"。渭河，主要流经今甘肃天水、陕西省关中平原的宝鸡、咸阳、西安、渭南等地，至渭南市潼关县汇入黄河。在历史上，渭河又叫禹河，相传大禹疏水导渭排洪，因而将其命名为禹河。

渭河流域不仅是农耕之地，亦有人文大观，

从古至今，文人歌咏无数。《诗经·谷风》中便有"泾以渭浊，湜湜其沚"；诗仙李白曾在终南山紫阁秀峰，北观渭河，咏出"渭水银河清，横天流不息"的名句；白居易赞渭河"渭水如镜色，中有鲤鱼鲂，偶持一竹竿，悬钓在其旁"；渭河是长安水运的干道，温庭筠的《渭上题三首》描述了当时渭河上商船往来的盛况"目极云霄思浩然，风帆一片水连天"；而贾岛也贡献了"秋风吹渭水，落叶满长安"的佳句。

沿水而行，无论是安营扎寨临时休息，还是取水饮马都更加方便，每到一处都可以补充给养。而且这一路都有城镇，是汉朝规定的水陆关隘。当时在史料上记载的五十多个中亚国家，都必须按照固定的路线，持节通行，上面按顺序列出允许他们访问的城镇。他们必须在所有经过的关隘"过所"，获得通行证，无论出关入关，都需要一一检查核对。张骞应该会在这些城镇歇脚补充给养同时也给朝廷发送奏报，秉呈出使的进程。

可以说，这一段道路是张骞出使西域途中最为舒坦的行程。富饶的渭河平原孕育了一座座物产丰富、人文荟萃的历史名城。

咸阳城，位于八百里秦川腹地，渭水穿南，峻山亘北，山水俱阳，故称咸阳。这里是秦朝帝都，北原为西汉皇室的陵区，十一位汉朝皇帝安寝于此，更有磅礴高亢的秦腔。

天水城横跨长江、黄河两大流域，秦时为"邽县"，相传天河注水，形成"春不涸，夏不溢，四季潆然"的天水湖，这里是羲皇故里，周易之乡。

很快他们将到达旅程的第一阶段的节点——陇西。陇西位处西北黄土高原边缘与秦岭支脉丘陵地带之间，经过这里便进入了甘肃境内。在这里，张骞撰写了送交朝廷的奏报，甚至可能还撰写了家书，交给驻军的驿丞代为寄送。由于匈奴已经大破曾经盘踞在甘肃的月氏，离开陇西便要进入匈奴的势力范围，危险不可不谓形影不离。

一路上，这支百余人的使团队伍万分警醒，昼行夜停。此时无论从景物、风土、饮食，他们都越来越强烈地感觉到了域外的风情。昼夜的温差越来越大，常常是白天热得赤膊，晚上就必须要披上夹袄，而西北常见的沙尘暴或许曾经吞噬过他们的生命。食物也越来越原始粗糙，麦饭、苜蓿、烩菜、腊羊肉……常有水土不服的士兵病倒，甚至死于途中。这些困苦虽没有任何文字记载，但不难推测，张骞要维系这支队伍的团结和效率，不得不迅速适应环境，睿智地判断情况，随时处理可能出现的任何危机，而这支队伍通过磨合，也越来越听命于张骞。

这支百余人的队伍，经过连日跋涉，已经人困马乏，经过几日的养精蓄锐，补充给养，彻底告别了母国。

历史在这里出现了转折。

《史记·大宛列传》中用极其简洁的语言概述了张骞一行的命运，他们"俱出陇西。经匈奴，匈奴得之，传诣单于"。

从张骞穿越河西走廊的路线看，他需要从陇西到达兰州，一路北上，从靖远古渡口渡过黄河，一路经武威到达张掖，再经酒泉、瓜州而抵达敦煌。当时，休屠王在武威，浑邪王在张掖。那么，张骞到底是在何处被匈奴"得之"，他们之间是否经历了追逐和搏斗？

当时在甘肃境内，有八支匈奴部族，最大的当属休屠部。休屠部的王城依石羊河而筑，遗址在武威城东北三十二公里的四坝乡三岔村。休屠王城规模宏大，城南北长约四百米，东西长约二百米，有里外两重，外城厚，里城薄，据说外城城墙上能跑战车。城内有大庙、黑虎殿、魁星阁、娘娘庙、财神阁、马王殿等建筑。

势力强大的休屠王保管着匈奴祭天所用的"金人"。匈奴每年有许多盛大的祭祀活动：正月，诸王长要举行春祭；五月，诸土长要参加人朝会，祭祀祖先、天地、鬼神；到了秋季，还要举行蹛（dié，形容山高峻）林大会。祭祀之时，"金人"面前摆着羊头、牛头、野猪头等祭品，人像两侧，鹰、狼、熊、虎等彩旗猎猎作响，伴随着隆隆的鼓声，单于及左右贤王等贵族对"金人"叩首三次，并将三名俘虏或奴隶斩首，将首级放入金盘献祭，随后按照官职大小，群臣依次到金人前叩首，再与眷属族人们一起观看萨满百戏之舞。

公元前 126 年，张骞回长安后五年，元狩二年（公元前 121），霍去病击破匈奴休屠王，夺走了匈奴人的"祭天金人"。年纪轻轻的霍去病能直捣"黄龙"，这固然与他绝世的名将风采有关，但也应与张骞提供的重要情报有关。因此，张骞很有可能是在从陇西到达武威的途中被休屠王"得之"，甚至亲眼看见过"祭天金人"。那么，"祭天金人"到底从何而来？

关于"祭天金人",至今仍然是一个谜。

相传汉武帝夜梦金人,因此派张骞前往西域探访。后世有人说,匈奴的金人就是佛像①。但也有人考证,佛像在汉武帝时代尚未产生,而匈奴的祭天金人,最大的可能就是希腊的战神阿瑞斯。从公元前 4 世纪开始,阿瑞斯的形象就逐渐东传。最有力的证据便是在新疆境内发现的月氏人墓葬。在发掘出的文物中,有一尊青铜希腊战神阿瑞斯的造像。我们可以想象,张骞被休屠王的骑兵包围,但他更衣、持节,以大汉使臣的姿态安然被骑兵带去见休屠王的场景:夕阳渐渐西下,远处的穹帐、草原,都在夕阳的金光之中,那些匈奴人,冠插异禽的羽毛,按照邦交的礼仪

---

①《史记集解》记载:汉书音义曰:"匈奴祭天处本在云阳甘泉山下,秦夺其地,后徙之休屠王右地,故休屠有祭天金人,象祭天人也。"《史记索隐》记载:韦昭云:"作金人以为祭天主。"崔浩云:"胡祭以金人为主,今浮图金人是也。"又汉书音义称"金人祭天,本在云阳甘泉山下,秦夺其地,徙之于休屠王右地,故休屠有祭天金人,象祭天人也。"事恐不然。案:得休屠金人,后置之于甘泉也。《史记正义》记载:括地志云:"径路神祠在雍州,云阳县西北九十里甘泉山下,本匈奴祭天处,秦夺其地,后徙休屠右地也。"按:金人即今佛像,是其遗法,立以为祭天主也。

接待汉使。用树根和牛粪燃起篝火，击打皮鼓，围火聚集，杀羊祭拜，割羊头祭祀金人。眼前的食物与汉地大相径庭：喝马奶酒，吃烤羊肉、奶酪、干果、酪饼，而乐器则是胡琴、胡笳。张骞、甘父还有随行的副使，内心必然忐忑，却必须保持汉使的风度……

关于张骞是否曾经向休屠王透露过自己出使的真实目的，我们不得而知。但是休屠王没有杀害张骞，而是将张骞送往了龙城。

龙城是单于的王廷所在，在今天蒙古国鄂尔浑河西侧的和硕柴达木湖附近。此时的匈奴，是军臣单于当权，他于公元前 161 年即位，已经在位二十二年。虽然汉王朝与匈奴仍然是友邦关系，双方实行和亲政策，维持着至少表面上友好的局面，但能够猜测，这样一个大型使团的到来，还是引起了军臣单于相当的重视。彼时，单于的大穹庐耸立，黄色的麾旗，庭前有驼毛大毡，无不代表着礼节的隆重。左右贤王、左右谷蠡王等亲贵大臣，无不列队迎接。

《史记》并未记载张骞和军臣单于会面交锋的全部细节，只是留下了一句简单的对话：

单于曰："月氏在吾北，汉何以得往使？

吾欲使越，汉肯听我乎？"

这句话透露出了无穷的玄机。可以看出，张骞应该对军臣单于禀明了自己去大月氏出使的任务，而军臣单于也洞悉了汉朝派张骞出使月氏的真正用意，并坚决表明态度：站在匈奴人的立场，无论如何也不容许汉使出使月氏，就像汉朝不会让匈奴使者穿过汉区，到南方的越国去一样。

军臣单于的这句反问，在平静的措辞下，是寒冷的敌意，是意志的较量，是激烈的外交碰撞。《史记》用五个字交代了这场交锋的结果，军臣单于"留骞十余岁"。

张骞一行被扣留，开始了长达十年的软禁生活。

第四章
软禁十年

　　被软禁的张骞，在这十年里究竟经历过什么？匈奴为什么没有杀害他？他是否曾经尝试逃跑？汉王朝是否知道张骞被匈奴软禁？这一切的疑问都没有任何书面记载的答案，我们只能在为数不多的史料和史实中合理推测。

　　军臣单于没有杀害张骞的原因，并不仅仅是要维系两国邦交那么简单，他扣押张骞的目的，或许有许多深层次的原因。

　　首先，在张骞之前，汉朝从未派出这样规模庞大的使团，因此这位使团的领头人必然是汉朝皇帝极为器重的人物，如果羁押他，在未来任何一次冲突的谈判中，匈奴都可以将张骞作为人质和筹码用来挟制汉朝；其次，张骞是汉武帝身边的郎官，军臣单于很可能想从张骞身上套出更多的一手情报；再次，军臣单于很可能想效仿父亲，策反张骞，炮制出第二个"中行说"。当年老上单于正是因为中行说的谋划，才能够在与汉朝的对峙中一直保持上风，空前地发展了匈奴的实力。但中行说病死已久，军臣单于希望能再次得到像中行说那样的汉地人才，辅佐他成就霸业。张骞年纪轻轻便得到汉朝皇帝的信任，有胆略独闯西域，他一定有过人之处，这乃是军臣单于期盼的最佳人选。

在这样的动机之下，军臣单于没有杀害张骞，而是"留骞十余岁，予妻"。留，既不是强硬地关押，也不是随意放任，而是一种表面礼貌但暗中威压的手段。因此张骞既不能前行寻找月氏，也不能后退返回汉朝。而"予妻"更是深可玩味。"留"是针对张骞的汉使身份，"予"则针对张骞的私人生活。一留一予，道尽匈奴策反的步骤和策略。

从"留骞十余年"到"予妻"，虽然史书上只有寥寥几个词组，但张骞的处境已经跃然纸上。对公，留下作为汉使的张骞，反复游说他投靠单于，许以高官厚禄，甚至会抛出愿景，许诺将来若占领汉地，给张骞封土建邦。而对私，匈奴专攻情感，他们明白张骞远离故土独自一人，一定对远方的亲眷倍加思念，如果有了家、有了血缘的牵绊，张骞想必能慢慢归顺。而"妻"，则规定了这段姻缘的性质，必须是正房原配，而不是妾或侍女，换句话说，张骞是"被娶妻"。顺理成章，张骞很快"有子"，匈奴按照自己的策反计划，步步为营，可惜的是，他们的目的并未达到。"然骞持汉节不失。"一个"然"道出了匈奴的失望，也将张骞的淡定但决绝的态度抒写得淋漓尽致。匈奴或许剥夺了张骞肉身的自由，但张骞的内心始终没有忘记自己是一位持节的汉使，他也从来没有忘记自己真正的使命。

软禁的生活压抑而绝望。被娶妻、被生子、失去人身自由、失去希望，他周围的随从要么四散奔逃，要么指责抱怨，更有可能的是被匈奴划归为奴隶。在漫长的等待中，张骞也有可能想过逃跑，可是，匈奴戒备森严难以逃脱，即便逃入茫茫草原戈壁，他一无给养二不熟悉环境，如何能保住性命完成任务？他当时唯一能做的，是尽一切努力活下来，只要活着就有希望。在孤立无援的情况下，只有甘父一直忠心耿耿地留在他身边，陪伴他度过艰难时光。

冷静下来的张骞发现自己能做的大概有三件事：

第一，尽最大的可能搜集情报。虽然他被软禁，活动范围有限，但是，他可以近距离观察这个游牧民族的生活习性，摸索他们的思维特点，从中总结有价值的情报。同时，尽可能地熟悉环境，为将来有可能的逃脱做好准备。

第二，他必须尽快学习匈奴的语言，而且在匈奴的奴隶当中，还有其他的民族，如果学会了他们的语言，就可以无障碍交流，可以了解更多西域各国的情况。

最后，张骞很可能也尽己所能，对匈奴内部一些亲汉势力做过一些挖掘，在匈奴策反他的同时，张骞可能也策反过匈奴贵族。公元前 126 年冬军臣单于死后，匈奴内部发生大乱，军臣单于的弟弟伊稚斜自立为单于，而军臣单于的太子於单逃入汉境投降，被封为涉安侯。太子於单为何会想到要投诚汉朝？在面对内乱时，这位继承人最可能的举动是率部攻打伊稚斜或者寻找别的地区继续游牧生活，可他却千里迢迢投奔汉朝，这不能百分之百排除跟张骞有关。在张骞羁留匈奴期间，这位太子多少会跟张骞有一些交流。张骞的才略、讲求信义的风度使"蛮夷爱之",想必也给太子留下了深刻的印象,这才让他能在危机的时候决定投诚汉朝。即便没有史料的支持,这样的猜测,也有一定的道理。

张骞出使后杳无音信,汉王朝又如何看待他的生死呢?在张骞羁留匈奴的十年间,汉朝发生了太多的事,汉武帝已逐渐成长为一位真正有雄才大略的君主。

就在张骞出使的当年,汉武帝纳卫青的姐姐卫子夫入宫,并在卫子夫生下刘据之后将其立为皇后。卫子夫的弟弟卫青、外甥霍去病是未来平定匈奴的名将,可见,汉武帝在宫廷斗争中逐渐扭转了弱势,扶持起了对他忠贞不贰的力量,并最终掌控了这个国家。公元前135年,即汉武帝建元六年五月丁亥,窦太后崩,与汉文帝合葬霸陵。她的去世标志着一个真正属于汉武帝时代的开始。

在真正掌控了这个国家之后,汉武帝再次推行曾经被扼杀的新政。从此,黄老之学退出了汉朝的政治舞台,被一个以儒家学说为基础、以阴阳五行为框架、兼采诸子百家的思想精华体系的统治策略所取代。此时,距离张骞出使并失联已经过去了整整五年。在这五年当中，汉武帝一直在苦苦期盼张骞的消息；五年之后，或许汉王朝已经默认张骞和随从的死亡，汉武帝经过漫长的等待和准备，终于决定放手一搏，启动他对匈奴的战事。很快，一个汉匈关系史上的重要事件发生了。

　　雁门马邑豪商聂壹，因大行王恢言："匈奴初和亲，亲信边，可诱以利致之，伏兵袭击，必破之道也。"上召问公卿。王恢曰："臣闻全代之时，北有强胡之敌，内连中国之兵，然尚得养老、长幼，种树以时，仓廪常实，匈奴不轻侵也。今以陛下之威，海内为一，然匈奴侵盗不已者，无他，以不恐之故耳。臣窃以为击之便。"韩安国曰："臣闻高皇帝尝围于平城，七日不食；及解围反位，而无忿怒之心。夫圣人以天下为度者也，不以己私怒伤天下之功，故遣刘敬结和亲，至今为五世利。臣窃以为勿击便。"恢曰："不然。高帝身被坚执锐，行几十年，所以不报平城之怨者，非力不能，所以休天下之心也。今边境数惊，士卒伤死，中国槥车相望，此仁人之所隐也。故曰击之便。"

安国曰："不然。臣闻用兵者以饱待饥，正治以待其乱，定舍以待其劳；故接兵覆众，伐国堕城，常坐而役敌国，此圣人之兵也。今将卷甲轻举，深入长驱，难以为功；从行则诇胁，衡行则中绝，疾则粮乏，徐则后利，不至千里，人马乏食。《兵法》曰：'遗人，获也。'臣故曰勿击便。"恢曰："不然。臣今言击之者，固非发而深入也。将顺因单于之欲，诱而致之边，吾选枭骑、壮士阴伏而处以为之备，审遮险阻以为其戒。吾势已定，或营其左，或营其右，或当其前，或绝其后，单于可禽，百全必取。"上从恢议。

夏，六月，以御史大夫韩安国为护军将军，卫尉李广为骁骑将军，太仆公孙贺为轻车将军，大行王恢为将屯将军，太中大夫李息为材官将军，将车骑、材官三十余万匿马邑旁谷中，约单于入马邑纵兵。阴使聂壹为间，亡入匈奴，谓单于曰："吾能斩马邑令、丞，以城降，财物可尽得。"单于爱信，以为然而许之。聂壹乃诈斩死罪囚，县其头马邑城下，示单于使者为信，曰："马邑长吏已死，可急来！"于是单于穿塞，将十万骑入武州塞。未至马邑百余里，见畜布野而无人牧者，怪之。乃攻亭，得雁门尉史，欲杀之，尉史乃告单于汉兵所居。单于大惊曰："吾固疑之。"乃引兵还，出曰："吾得尉史，天也!"以尉史为天王。塞下传言单于已去，汉兵追至塞，度弗及，乃皆罢兵。王恢主别从代出击胡辎重，闻单于还，兵多，亦不敢出。

上怒恢。恢曰："始，约为入马邑城，兵与单于接，而臣击其辎重，可得利。今单于不至而还，臣以三万人众不敌，只取辱。固知还而斩，然完陛下士三万人。"于是下恢廷尉。廷尉当"恢逗挠，当斩"。恢行千金于丞相田蚡，蚡不敢言上，而言于太后曰："王恢首为马邑事，今不成而诛恢，是为匈奴报仇也。"上朝太后，太后以分言告上。上曰："首为马邑事者恢，故发天下兵数十万，从其言为此。且纵单于不可得，恢所部击其辎重，犹颇可得以慰士大夫心。今不诛恢，无以谢天下。"于是恢闻，乃自杀。自是之后，匈奴绝和亲，攻当路塞，往往入盗于汉边，不可胜数；然尚贪乐关市，嗜汉

财物；汉亦关市不绝，以中其意。（《资治通鉴·汉纪十》）

公元前133年，汉武帝元光二年，汉朝马邑城的太守在一次偶然机会中，发现中原有一些大商人违犯禁令，运出货物到匈奴交易。汉朝君臣定计，佯称出卖马邑城，以此引诱军臣单于，擒贼擒王，一举灭匈奴。但军臣单于命不该绝，他虽然拥兵侵入边塞，但离马邑城尚有一百余里之际俘获了一个汉朝的尉史，导致计谋泄露，功亏一篑，军臣单于逃得性命。这便是著名的"马邑之围"。"马邑之围"是汉朝和匈奴关系的转折点，从汉高祖到汉景帝一直延续的和亲政策就此终止，匈奴恢复了对汉朝边境的抢掠，汉匈关系彻底破裂，汉匈之间的战争似乎一触即发。

可以肯定的是，"马邑之围"使得张骞周围的形势迅速变化。十年软禁，张骞持节不失，但长年的相处，也让张骞融入了当地的生活。但汉匈关系的破裂，使得这个生活在匈奴当中的汉使一下成为众矢之的。不难想象，甚至有人会提出杀了张骞。但是，张骞毕竟娶了一名胡妻，而且他的儿子也有一半的匈奴血统，这个被迫结成的亲缘关系，在这个剑拔弩张的形势下反而成了他的保护伞，给了他一段可贵的喘息之机。不过，张骞也敏感地意识到，一个珍贵的时间窗口打开了。汉匈之间必有一战，他必须利用这个间隙准备好下一步的行动，必须赶在决战之前完成自己的使命，好让汉朝胜算的把握更大，但张骞还在等待最后的时机……

公元前129年，汉武帝亮剑了！

据《汉书》记载，这一年匈奴侵扰上谷郡（今河北张家口怀来一带），汉武帝派出四名大将抗击匈奴。这四名将领分别是卫青、李广、公孙敖、公孙贺。

卫青自不待言。公孙贺，字子叔，北地义渠（今甘肃宁庆一带）人，胡人后裔，其祖父公孙昆邪为平定七国之乱立下汗马功劳。李广在汉文帝十四年（公元前166年）从军击匈奴因功为中郎，景帝时先后任北部边域七郡太守，在汉武帝时被召为中央宫卫尉。公孙敖，北地义渠人，早年是汉武帝的骑郎（骑兵侍从），是卫青的挚交密友。

四位将军按照汉武帝亲自部署的战略计划，分四路出击。车骑将军卫青直出上谷，骑将军公孙敖从代郡（治代县，今山西大同、河北蔚县一带）出兵，轻车将军公孙贺从云中（今内蒙古托克托东北）出兵，骁骑将军李广从雁门出兵。四路将领各率一万骑兵。此次出兵，公孙贺一无所得，公孙敖损失七千骑兵，李广兵败被俘，最后逃回。唯独首次出征的卫青，英勇善战，直捣龙城，斩首七百余人，大破匈奴主力，取得了自汉朝开国以来对匈战役的首次胜利，史称"龙城之战"，将军卫青因此被封为关内侯。

汉朝的利剑终于挽回了中原王朝对匈奴的劣势，这次战争引发的匈奴内部混乱，让看管张骞的守备逐渐放松，也让苦苦等待的张骞得到了逃脱的机会！

第五章
大宛贵山城

　　《史记·大宛列传》中描述了张骞的出逃行动：

　　　居匈奴中，益宽，骞因与其属亡乡月
氏，西走数十日，至大宛。

　　这是一次精心筹谋的出逃行动。马邑之围以后，张骞便开始跟甘父策划出逃。在软禁之初，匈奴对他看守严密。随着时间的流逝，张骞娶妻生子，学习了匈奴的语言，融入了当地的生活，匈奴人渐渐淡忘了他的汉使身份，因此，对张骞的看守也"益宽"。而此时的张骞已不可同日而语。长期的积累，让他成了不折不扣的匈奴通。他精通了匈奴的语言，并且掌握了大量的情报：匈奴驻守的方位安排，看守士兵换防的规律、漏

057

洞，他们的行军习惯、思维盲点，对这些情况的掌握都有助于张骞为未来的出逃做出细致的规划。可以说，一个完备的"越狱"方案，已经在暗中准备好了。

山逃的方案中有许多的难题。为了不引起匈奴士兵的注意，并且争取更多的时间，他们注定要在夜间靠脚力逃跑。选择步行逃离，是因为马匹的动静太大，太容易被发现；选择夜间，一是因为夜色有助于掩护，不易察觉，二是能争取更多的时间，他们进帐休息以后，看守的匈奴士兵可能也很快放松戒备，这样到次日，他们已经到了几个时辰脚程之外。而计划中最大的难题，则是逃跑路线。

关于张骞逃离匈奴的路线，因为没有史料记载，历来众说纷纭，但主要有三种说法。

第一种说法根据的是《史记·大宛列传》，由于其中提到了许多位于西域南道的国度，因此学者们推测张骞是沿昆仑山北麓西行抵达大宛。第二种说法恰恰相反，《史记·大宛列传》不仅提到了南道的国家，也提到了位于北道的车师。而且张骞回汉朝时是取南道，如果张骞往返都经由南道，那他为何会提到位于北道的车师国？因此，这一派学者认为，张骞的逃跑路线应该是西域北道，即沿天山南麓西行抵达疏勒，翻越葱岭抵达大宛。第三种说法对北道说非常怀疑，因为那时北道设有僮仆都尉，完全由匈奴控制，张骞如果选择北道无异于自投罗网。而且在《史记·大宛列传》中虽然提到了北道的车师国，却没有提过龟兹、疏勒这些北道国家。因此，这一派学者认为张骞是经由天山北路，亦即自漠北取道准噶尔盆地、伊塞克湖南岸、纳伦河谷到达大宛。

无论张骞到底选择了哪一条路线，他们的出逃都是孤注一掷的冒险。如果被抓回去，等待他们的很有可能是砍头祭祀金人的结局，即便他们顺利摆脱匈奴的追赶，途中也是险象环生。但张骞隐忍了十年，就是为了有朝一日能重新踏上征途，完成他的使命。伴随着龙城之战，汉朝扭转了半个多世纪的劣势，可以想象，这会让匈奴内部产生怎样的震动，在这一片混乱之中，张骞和甘父默默地储备足够"西走数十日"的给养：干粮、使节、文书，在深夜里反复筹划推演，并在暗中安排好一起出逃的随行人员。可以推测，他们在帐篷中佯装酣睡，直到帐外传来士兵的鼾声，张骞和甘父还有少量随从，悄悄隐没在无边黑暗的草原中。

出逃之旅极其艰苦，从曝晒干渴的戈壁，到冰雪皑皑的葱岭，这一路上几乎没有人烟，只有鸟兽为伴。干粮很快耗尽，当饥渴交加的"穷急"之时，是甘父"射禽兽给食"，他们就这样行走了数十日，终于到达了大宛。

大宛，是一个极其重要的中亚古国，位于帕米尔高原西麓的费尔干纳盆地。费尔干纳盆地（Fergana Valley），又称费尔干纳谷地，被天山和吉萨尔—阿赖山两条山脉环绕，东西长 300 公里，南北宽 170 公里，海拔在 330 米至 1000 米之间。这块谷地历来是交通要道，如今它位于乌兹别克斯坦、塔吉克斯坦和吉尔吉斯斯坦三国的交界地区。亚历山大大帝于公元前 329 年征服费尔干纳，并在费尔干纳盆地南方，锡尔河南岸建造了亚历山大里亚城，位置在今日塔吉克斯坦的苦盏。亚历山大逝世后，整个巴克特里亚、中亚河中地区和费尔干地区还在希腊化的塞琉古帝国手中，直到约公元前 250 年，巴克特里亚总督狄奥多特一世宣布独立，脱离塞琉古帝国，建立大夏，大宛沦入大夏的统治。

大宛的首府是贵山城。张骞一行刚一抵达，

便感受到了强烈的异域风情。在大宛希腊化时期，当地修建了许多希腊古典式建筑，高大的柱式建筑、拱窗、长廊、喷水池、精美的雕塑、奇异的园艺……在游牧的匈奴中生活了十年之后，这是张骞第一次看到农耕民族，这一切让张骞想起长安。跟长安一样，贵山城临水而居，舟楫过往，但这一切又与汉地不同。他想念长安宫殿、坛庙、寺观的金碧彩画，想念那种天圆地方的宁静和谐。张骞也注意到，当地还有许多高大俊美的希腊人后裔，高鼻深目，身着宽大的白袍，在繁华的贵山城内定居生活。他们耕作着，饮用以葡萄酿造的美酒。城内建筑鳞次栉比，人口众多，商贸繁盛。更有让人惊奇的汗血宝马，以一种张骞从未见过的植物——苜蓿作为饲料。而当地的手工艺品，更是充满了与中原地区完全不同的风情，精美程度也不亚于汉朝。在《史记·大宛列传》中描述了张骞所目睹的盛况：

> 大宛在匈奴西南，在汉正西，去汉可万里。其俗土著，耕田，田稻麦。有蒲陶酒。多善马，马汗血，其先天马子也。有城郭屋室。其属邑大小七十余城，众可数十万。其兵弓矛骑射。

张骞的到来，很快引起了当地的轰动。大宛国王毋寡以隆重的礼节接待了他们。《史记·大宛列传》刻画了毋寡见到张骞时的欣喜：

> 大宛闻汉之饶财，欲通不得，见骞，喜，问曰：'若欲何之？'骞曰：'为汉使月氏，而为匈奴所闭道。今亡，唯王使人导送我。诚得至，反汉，汉之赂遗王财物不可胜言。'大宛以为然，遣骞，为发导绎，抵康居，康居传致大月氏。

如果说，西域的奇绝险峻对汉朝来说是存在于神话中的方外之地，那汉朝的地大物博对西域来说，更是可望而不可即的传奇。在"欲通不得"之时，汉使的突然出现让毋寡大喜过望。可是眼前的汉使虽然气度不凡，但是满面尘灰，甚至衣衫褴褛，唯有手中汉节可以证明他真实的身份。毋寡最关心的便是张骞的真实目的。张骞坦诚相告自己前往大月氏的使命，也解释了自己这副模样的原因，他曾经被匈奴软禁，是趁乱逃出，并恳求毋寡派遣向导，送他前往大月氏。这个恳求对大宛来说，是与汉朝开启交往的绝佳机会，张骞许诺，如果能够完成使命，返回汉朝，汉朝一定重金感谢。毋寡欣然应允。

毋寡为张骞派遣向导，安排了车乘马匹，将他们从大宛送到康居。康居在今巴尔喀什湖和咸海之间，王都是卑阗城。康居本是锡尔河北岸一个斯基泰人部落，也就是粟特，汉代称粟特人为"康居人"。粟特人起源于乌兹别克斯坦的泽拉夫善河，一般称男性为"禄山"，称女性为"禄珊妮"，这里流行的胡旋舞曾在唐代传入汉地，风行一时。康居王对待汉使十分友好，在康居人的护送之下，张骞一行一路向南，旅程一帆风顺，很快便抵达了使命的终点——大月氏。

此时，已经是公元前 128 年，距离张骞离开长安，已经过去了十年。

第六章
妫水二国——大月氏和大夏

此时的大月氏定居在阿姆河北岸。

阿姆河（Amu Darya），古代中亚的希腊入侵者称之为乌许斯河（Oxus），这是粟特语中对河神的称呼。在汉代，《史记》《汉书》均将这条河流称为妫水，唐代之后音译为乌浒河。它是中亚流程最长、水量最大的内陆河，咸海的两大水源之一，帕米尔高原东南部的高山冰川便是它的源头。阿姆河流域冬春多雨，河水带着大量泥沙，冲击出了阿姆河河谷，也成为灌溉两岸农田的水源。当时，大月氏在北岸居住，而南岸，则是大夏国。

公元前128年，张骞历经十年终于抵达大月氏。当时大月氏国内分为休密、双靡、贵霜、胖顿、都密五部歙侯。张骞面见了月氏王，并陈述了"断匈右臂"的战略主张。张骞没有料到的是，月氏王并没有表现出跃跃欲试的态度，相反，对于部族的未来，他们已经有了别的考虑。在《史记·大宛列传》中记载了月氏王的表态：

> 既臣大夏而居，地肥饶，少寇，志安乐。又自以远汉，殊无报胡之心。

大夏（Tokhgra，Tochari），是中亚和南亚次大陆西北部的古国名。它的出现，最早见于《史记·大宛列传》和《汉书·张骞李广列传》。按史书记载：

> 大夏在大宛西南二千余里妫水南。其俗土著，有城屋，与大宛同俗。无大长，往往城邑置小长。其兵弱，畏战。善贾市。及大月氏西徙，攻败之，皆臣畜大夏。大夏民多，可百余万。其都曰蓝市城，有市贩贾诸物。其东南有身毒国。

大夏在大宛西南方向两千多里，这个位于阿姆河南岸的国度定都蓝市城。蓝市城位于今天的阿富汗巴尔赫附近。大夏兵力薄弱，因此，当大月氏人西迁至此，大夏遂对大月氏称臣。最初，大月氏在阿姆河北岸，后来南下占领了大夏的国都，而大夏则徙往阿姆河上游。大月氏的国王没有答应张骞与汉朝共御匈奴的主张，想必此时大月氏在暗中已经有了越过阿姆河，占领大夏国的打算。于是"骞从月氏至大夏，竟不能得月氏要领"。

大月氏的态度，让张骞十分挫败，他苦苦支撑了十年，得到的结果却是一句轻描淡写的推辞。的确，破国离乡的月氏从公元前 174 年开始到公元前 129 年，将近半个世纪的流离失所，让所有的族人都渴望安乐的生活，虽然张骞带来了汉朝热切的邀请，但遥远的汉朝不足以让月氏人产生安全感，他们已经失去了复仇的动力，想尽快安居乐业。而眼前这片肥沃的土地，没有敌人的侵扰，是最理想的定居乐园。虽然张骞想尽办法游说，他甚至前往大夏游说，想曲线救国，但仍然是"不得要领"。他完成使命的热切希望，像封住的炉火一样，慢慢冷却下来。

张骞在阿姆河一带游历了一年多，在反复游说之外，他和从前一样，坚持考察风物、搜集信息，并积极准备回国的路程。在西域十年的生活，他不仅掌握了语言，也掌握了西域各民族的生活习惯，这让他能以很高的效率获得情报。很快，张骞有了特殊的收获。在《史记·大宛列传》中记录了他在大夏的奇特见闻：

> 臣在大夏时，见邛竹杖、蜀布，问："安得此？"

大夏人以农耕为主，善于经商，蓝市城便是一个商贸流通中心，来自西域各国的商品在这里互通有无。在这些商品中间，张骞竟然发现了来自汉地的商品：邛竹杖和蜀布。

邛竹出产于邛山，邛山位于今天四川省甘孜藏族自治州丹巴县巴底乡，那里有大面积的森林，并且出产上好的云母。山中出产一种中实而节高的竹子，可做手杖。在《艺文类聚》卷八九中曾经引用晋朝戴凯之《竹谱》中的描述：

> 邛竹，高节实中，状如人剞，俗谓之扶老竹。

而张骞所说的蜀布，不是指产于四川的布，而是西南夷哀牢国的最有名的工艺特产：兰干细布和桐华布。在《后汉书·西南夷传·哀牢》中曾经对兰干细布充满了溢美之词：

> 知染采文绣，罽毲帛叠，兰干细布，织
> 成文章如绫锦。

而用梧桐花细毛织就的纺品更是与众不同：

> 有梧桐木华，绩以为布，幅广五尺，絜
> 白不受垢污。

无论是生长于悬崖之边、难以获得的邛竹杖
还是或灿烂如锦或洁白无瑕的蜀布，都是极为珍
贵的商品，在长安也并不多见，可它们竟然会出
现在遥远的西域，这让张骞非常惊讶。与生俱来
的探险家本能提醒他，这些商品并非通过西域南
北两道传入大夏，那它们又从何而来？难道说，
还有别的通商道路？大夏商人的回答，印证了他
的猜测：

> 大夏国人曰："吾贾人往市之身毒。身毒
> 在大夏东南可数千里。其俗土著，大与大夏
> 同，而卑湿暑热云。其人民乘象以战。其国临
> 大水焉。"

他们提到一个叫"身毒"的国度，从大夏出
发向东南数千里便可到达，那里毗邻海洋，气候
湿热，兵士的骑乘不是战马，而是大象。大夏人

所说的身毒，原文为梵语 Sindhu，它便是印度。

如果说大夏在汉朝西南，而身毒在大夏东南，那么，这个身毒应距中国蜀郡不远。这个发现让张骞兴奋不已，也让他对汉朝对西域外交的整体战略有了完全不同的思路。两年以后，当他归国面圣，谈出了自己的想法：

> 以骞度之，大夏去汉万二千里，居汉西南。今身毒国又居大夏东南数千里，有蜀物，此其去蜀不远矣。今使大夏，从羌中，险，羌人恶之；少北，则为匈奴所得；从蜀宜径，又无寇。

这段话很清晰地展示出了张骞对西域形势的判断，现有的西域南北道，仍然是匈奴的势力范围。对羌中的判断，来自于张骞归国时的所见所闻，那里地势险峻，而且羌族的态度也不甚友好。如果想抵达大夏乃至大月氏，可以取道蜀地。这条道路穿越秦岭和大巴山，山高谷深，没有敌人骚扰，是安全可行的权宜之计，来自身毒的商贾早已经利用这条商道通商多年，汉朝可以绕开匈奴，从此路深入西域。这个分析，显示出了张骞出色的判断力，经过多年异域生活的积

弱水二国——大月氏和大夏　第六章

累，他已经从一个年轻的郎官成长为一名优秀的外交家、探险家，能通过不易察觉的线索，准确分析出对汉朝最有利的情报。

带着这样的发现和谋划，公元前 127 年，张骞从大夏出发，踏上了返回汉朝的归途。

第七章
欲从羌中归，复为匈奴得

从公元前 128 年张骞逃离匈奴到公元前 127 年启程返回汉朝的这一年间，汉朝发生了许多事。公元前 128 年是汉武帝元朔元年，这是一个值得记忆的年份。这一年，汉武帝和卫子夫的长子刘据出生了，他是汉武帝的嫡长子，这意味着汉朝皇权后继有人，是整个国家的大事。刘据被立为太子，不久之后，卫子夫被立为皇后，汉武帝大赦天下，普天同庆。

这一年秋天，匈奴集结二万铁骑入侵辽西，辽西太守被杀，匈奴一鼓作气打败镇守渔阳的名将韩安国，辽西渔阳两地死伤人数加起来有三千多。车骑将军卫青率领三万铁骑出雁门关，将来犯的匈奴击败，斩首数千人。之后，汉武帝派韩安国在右北平屯守，韩安国兵败抑郁，仅仅几个月后便吐血而终。苦于无人震慑匈奴的汉武帝此时想起了赋闲多时的李广。

公元前 129 年，汉武帝遣李广、公孙敖、公孙贺和卫青率四万大军分别从雁门、云中、代郡、上谷四个方面同时出击入侵的匈奴军。当时，威名赫赫的李广是匈奴的重点目标，为挫汉军的锐气，军臣单于下令要活捉李广。李广因身患重病，终于不敌匈奴重兵，被生擒活捉。匈奴用绳子结成网兜，两端各自系在两匹马的马鞍上，把奄奄一息的李广驮着走了十多里路。李广佯装死去，一直暗中观察，趁匈奴放松戒备，猛地一跃而起，跳上一匹好马，快马加鞭奋力逃脱，这桩旧事为他博得了"飞将军"的名号。不过，兵败被擒毕竟不是什么光彩的事，李广本来按罪当斩，但他用钱赎命，汉武帝将他削职为民，李广就此隐居。可这样的国之重器，又岂是池中之物？韩安国病死后，若论镇守边关，李广是不二人选。汉武帝将李广调任右北平震慑匈奴。飞将军的威名的确让匈奴却步，几年内没有再骚扰辽西地区。

不知远在大夏的张骞是否能得到汉朝和匈奴的战事信息，即便无法得知，他对两地战事的时间进程，也应该有一个大致的估算。汉朝扭转了劣势，蓄势待发，决战势在必行。也就是说，如果张骞想利用自己的情报帮助汉朝，他必须尽快赶回汉朝。在大月氏和大夏的这一年，张骞反复游说，力劝无果，但由于发现了西南的通道，也算有了备用的计划，是时候离开了。

张骞精心选择了一条能够避开匈奴的归国路线：由昆仑山北麓经瓦罕走廊、塔什库尔干、于阗（今新疆和田）、扜弥（今新疆克里雅），再经青海羌人区——也就是羌中返回长安。

羌中，在秦汉时指羌族居住的地区，包括今天青海、西藏及四川西北部、甘肃西南部。在川西和甘南这一带，一直是羌族活跃的范围。羌族，号称"云朵上的民族"，相传五千年前，炎帝所在的古羌部落与黄帝部落决战于阪泉之野，战败后炎帝率其大部与黄帝部落融合，开启了华夏文明。而少部分族人向西、向南迁徙，与青海、四川、重庆等地的原住民融合，形成藏族、彝族以及今天的羌族。羌族与汉族同为炎黄子孙，至今仍然聚居在四川省阿坝藏族羌族自治州、茂县、汶川、理县等地。在他们居住的碉楼平顶上，一般都有五块白石英石，代表天神、地神、山神、山神娘娘和树神，这便是他们供奉的"五神"。

与西域北道相比，从羌中走，风险要小得多。张骞满怀信心，希望能快速回国，可命运却再一次跟他开了个玩笑。张骞"并南山，欲从羌中归，复为匈奴所得"。

《史记》中所提及的"南山"正是祁连山脉。

祁连，是匈奴语中的"天山"之意。它是中国境内的主要山脉之一，位于河西走廊南部，因此被称为"南山"。盛夏七月，祁连山却仍然清凉，好像春天刚刚开始。漫山遍野的油菜花开遍山脉中的宽谷，大片的密林中有云杉、圆柏、杨树，还有鞭麻、黑刺、山柳等灌木。鹿群在密林中奔跑，异兽出没。雪莲更是祁连山脉中最珍贵的药材之一。山脉西端与阿尔金山相接，东至黄河谷地，与秦岭、六盘山相连。从西北横贯至东南依次是：大雪山、托来山、托来南山、野马南山、疏勒南山、党河南山、土尔根达坂山、柴达木山和宗务隆山。连绵的雪峰与长满牧草的宽谷，让祁连山脉不仅是天然的草场，也是一道天然的屏障。武帝元狩二年（公元前121年）夏，霍去病率兵出征匈奴右贤王部，大获全胜，在祁连山斩敌三万余人，匈奴不得不退到焉支山北，并留下了一支哀歌："亡我祁连山，使我六畜不蕃息；失我燕支山①，使我妇女无颜色。"这首歌谣道出了匈奴对祁连山的依赖和留恋。祁连山像河西走廊南部的一道金边，让控制着河西走廊的匈奴享受着一流的牧场，也划出了天然的势力范围。

正因如此，张骞选择经这里东归，是深思熟虑的结果，他甚至考虑到了气候。春夏秋冬中，最适合出行的应该是盛夏，此时的祁连山气候宜人，适合日夜兼程赶路。在计划中，张骞应该取道昆仑山北麓，沿祁连山山脚穿过山口进入青海羌中，然后东出河湟返回长安。但是，他低估了匈奴的狡猾。

自从他一年多以前逃走，军臣单于一直处于震怒之中。对汉作战的接连失败使他十分恐惧，将近八十年以来，匈奴一直是西域霸主，可这几次对汉战争的失败表明，匈奴的优势在一点点消失。他预感到两军的决战应该不远，可就在这个关键的时期，张骞竟然脱逃了。他担心已经成为

①燕支山，史书也有称胭脂山。

西域通的张骞会给汉朝提供有力的情报，增加胜算。他更担心大月氏会听从张骞的劝说，杀回河西走廊报仇，这样的话，匈奴简直是腹背受敌，必死无疑。因此，他绝对不许张骞回到汉朝。军臣单于估计了张骞归国路线的可能性，认定张骞一定会选择从羌中归汉，因此他早就派好斥候日夜盯防。在等待了一年多之后，张骞终于出现了。

张骞再次被匈奴擒获，又是"留岁余"。

第八章
匈奴的内乱

　　张骞第二次被俘后被送回何地？从《史记》中记载他后来曾与胡妻一起出逃的情节来看，张骞应该是被送回了最初羁押的地方，即军臣单于在蒙古高原鄂尔浑河流域的驻地。按道理说，汉朝和匈奴的关系已经破裂，而且张骞又是出逃至月氏，军臣单于一定对他十分恼火，但为什么军臣单于这一次还是没有杀害他呢？

　　张骞和甘父只身返回，随行者并无月氏使者，因此，军臣单于很自然地明白，月氏并未答应张骞的请求。而且，经过十余年的磨砺，张骞的外交经验已经十分丰富，即便军臣单于以威势恐吓张骞，他应该也能晓之以理，动之以情，平复军臣单于的敌意。从理来讲，汉朝和匈奴之间有多年的和亲关系，即便这几年双方在交战，但毕竟不是大规模的战役，他们仍然有坐下来和平谈判的可能；即便双方彻底敌对，两国交战不斩来使，这也是当时众所遵从的公约。从情感的角度讲，当时作为正妻许配给张骞的匈奴女子，在匈奴的地位一定不低。李广的孙子李陵，在天汉二年（公元前99年）奉汉武帝之命出征匈奴，于浚稽山被俘，之后投降，娶了且鞮侯单于之女为妻。从后人的经历看，张骞首次被俘时，是堂堂汉使，这种国家级别的婚配，至少也会将贵族之女许配给张骞。如果杀掉张骞，那必将引起内部的矛盾。于情于理，张骞都杀不得。因此，张骞第二次被俘后，做了出色的外交斡旋，保护了自己和甘父乃至妻儿的生命。他并非贪生怕死，而是为了完成出使任务，让生命实现价值。

但这一次面见军臣单于，让张骞发现了匈奴内部的混乱状态。

一回到龙廷，张骞首先得知的便是汉朝在辽西和渔阳打败匈奴的信息，在兴奋之余，他继而发现了军臣单于显现出的病弱之态。一来，军臣单于的确年事已高；二来，几次对汉作战的失败，也确实打击了军臣单于。战斗失败引发的连锁反应，也逐渐在匈奴权力内部扩散。

当时，伊稚斜是匈奴的左谷蠡王，是仅次于左右贤王的贵族，左右谷蠡王负责驻守匈奴东西部，与左右贤王合称"四角"，一起看护龙廷。伊稚斜的地位本来就高过其他王侯，对单于地位的觊觎应该也并非一日，与汉军交手两次失败之后，军臣单于的威望就像他的身体一样，越发衰弱。匈奴人骁勇善战，一个屡屡失败的君主怎么能让手下剽悍的王侯心甘情愿地听命？特别是左谷蠡王伊稚斜，年富力强又拥兵东部，他对孱弱的於单太子本就看不上眼，只是碍于哥哥的面子勉强服膺。但军臣单于年事已高，在他年富力强、形势一片大好的时机之下，听从了汉朝和亲的政策而丧失了入侵的好机会。眼下，汉朝势力越来越强大，两国交战，匈奴连败。以伊稚斜为代表的少壮派，对老单于越来越不服气，他夺位的野心也显露无遗。经历了诸多磨砺的张骞，对式微的匈奴内部的政治形势，也有了敏锐的察觉。他感觉到，匈奴内部产生哗变的可能性在逐渐增加，混乱会带给自己再次逃跑的机会。有了第一次出逃的经验，他认为，只要耐心等待，机会一定会再次出现，自己滞留在匈奴的时间应该不会太长。

公元前 127 年，汉武帝年已而立，这一年他做了两件大事，这是汉武帝为汉匈决战所做的最后的准备。这两件大事，都与一个叫主父偃的人有关。主父偃，临淄（今山东临淄）人，早年学习了长短纵横之术，精通易理。元光元年（公元前 134 年），他上书汉武帝，当天就被召见，汉武帝感到与他相见恨晚，立刻加以重用，在一年之中，主父偃竟然升迁四次！而七年后，他的建议均被汉武帝采纳。

第一件为颁布"推恩令"，削弱藩国势力。

汉高祖刘邦最初开国之时，为了保证国家的稳定，曾经实行封土建邦的政策，分封同姓王。随着时间的推移，曾经的王侯势力越来越强大，中央和地方的矛盾愈发突出，终于爆发了七国之乱。平定内乱之后，汉朝统治者便开始了中央集权的进程。而汉武帝则采取了非常聪明的策略，据《史记·平津侯主父列传》载：

> 偃说上曰："古者诸侯不过百里，强弱之形易制。今诸侯或连城数十，地方千里，缓则骄奢易为淫乱，急则阻其强而合从以逆京师。今以法割削之，则逆节萌起，前日晁错是也。今诸侯子弟或十数，而适嗣代立，余

虽骨肉，无尺寸地封，则仁孝之道不宣。愿陛下令诸侯推恩分子弟，以地侯之。彼人人喜得所愿，上以德施，实分其国，不削而稍弱矣。"于是上从其计。

汉初，诸侯王的爵位、封地都是由嫡长子单独继承的，其他庶出的子孙得不到尺寸之地。这年春天，汉武帝下令允许诸侯王将自己的封地分给子弟并封他们为列侯。这样做，表面上是皇恩普济，利益均沾，可实际上，诸侯国的势力却被无形地削弱了。推恩令下达后，诸侯王的支庶多得以受封为列侯，不少王国也先后分为若干侯国。按照汉制，侯国隶属于郡，地位与县相当。因此，王国析为侯国，就是王国的缩小和朝廷直辖土地的扩大，既符合了汉武帝巩固专制主义中央集权的需要，又避免了激起诸侯王武装反抗的可能，困扰汉朝统治者多年的问题就这样被汉武帝轻易地解决了。这不仅显示了汉武帝高超的政治智慧，也让他将国内最后的危险化解于无形。

第二件大事，是借匈奴入侵辽西和渔阳而被击败之机，收复河套地区，设朔方郡。而这也缘于主父偃的倡议：

第八章 匈奴的内乱

夫匈奴难得而制，非一世也；行盗侵驱，所以为业也，天性固然。上及虞夏殷周，固弗程督，禽兽畜之，不属为人。夫上不观虞夏殷周之统，而下循近世之失，此臣之所大忧，百姓之所疾苦也。

"偃盛言朔方地肥饶，外阻河，蒙恬城之以逐匈奴，内省转输戍漕，广中国，灭胡之本也。""上下公卿议，皆言不便。上竟用主父计，立朔方郡。"立朔方郡，使苏建兴十余万人筑朔方城，复缮故秦时蒙恬所为塞，因河为固。转漕甚远，自山东咸被其劳，费数十百巨万，府库并虚；汉亦弃上谷之斗辟县造阳地以予胡。（《资治通鉴·汉纪十》）《史记·平津侯主父列传》

朔方，北方也。朔方郡是汉代的北方边郡之一，辖地位于黄河河套的西北部，管领三封、朔方、修都、临河、呼道、窳（yǔ）浑、渠搜、沃野、广牧、临戎等十县。今天在鄂托克旗西北部尚存朔方县城的遗址。

朔方郡内多是黄河冲积地带，是可灌溉垦殖的沃土，公元前127年设置朔方郡时，就考虑到在这一地带进行屯垦。元狩元年（公元前122年）

朝廷将关东贫民迁徙到河套地区；元鼎年间（公元前116—前111）又在上郡、朔方、西河及河西四郡（张掖、武威、酒泉、敦煌）设置管理屯垦官员，调发六十万人前往屯田，其中有一部分是充实到朔方郡内的。这是汉朝行之有效的备塞策略，过去朝廷每年派兵卒轮流守卫边境，但这些兵卒不熟悉敌情，不如选派携带家眷前往垦殖的人员。这些人员的入住，能有效地抵御匈奴的袭击。

这第二件大事，相当于给汉朝的背部修建了一座外墙。

如果说，匈奴是汉朝背部的敌人，那藩国的存在则是眼中之刺。汉武帝用了两年的时间，拔出了眼中之刺，又修筑了防备敌人的外墙，接下来将集举国之力，转身对付在背后骚扰进犯了八十多年的匈奴！

就在这个时候，张骞等待的绝佳机会出现了！

公元前126年，军臣单于去世，正如张骞所料，单于的王位并未顺利传给当时的於单太子，而是被军臣单于的弟弟伊稚斜夺走。於单太子仓皇出逃，匈奴大乱。张骞意识到，对汉朝来说，这是决战的最佳时机，他必须立刻离开。张骞带着胡妻、儿子和甘父，再次出逃。

第九章
归国复命

　　有了第一次出逃的经验，这一次出逃非常顺利。匈奴从上到下的注意力全部集中在夺位带来的混乱中，对这个汉朝使臣已无暇顾及。因此，张骞顺利地从羌中到达河湟谷地。当汉朝的士兵发现他时，所有人都震惊了！他们曾经听说过十三年前有个名叫张骞的使臣曾出使西域，但从此失踪，是生是死无从知晓。关于他的传言众说纷纭，有人说他死于路途，有人说他投降叛国。十三年过去了，他已经被人渐渐遗忘，可谁曾想，他却从天而降！

　　驻守官兵即刻飞骑驰报，朝廷震动。汉武帝龙颜大悦，传旨命驻军快马护送，日夜兼程赶回长安。张骞带着妻子和甘父，用尽全身心的气力，朝长安进发！一入长安城，张骞和甘父便泪如雨下，离开故土 13 载，都城比从前繁华更胜。张骞明白，他所效忠的汉武帝，果真是雄才大略，他将国家经营得如此强大，只要情报到位，有了合适的时机，对匈奴开战便有了必胜的把握。等匈奴平定，这将是一个伟大、和平、人人安居乐业的国家。

张骞直奔朝廷。君臣相见，几乎无法相认！

汉武帝依稀记得与张骞告别时的情景，那年张骞是 25 岁的青年，意气风发，高大强壮。可眼前的归来者，形容枯槁，须发斑白，手持一根光秃秃的旌节，从门口走进来，跪地叩拜。一切都已物是人非，只有张骞眼中的正气，让人是那样的熟悉！张骞对汉武帝奏报，从大汉建元二年四月到元朔三年三月，他用了整整 13 年才归国复命。他诚恳请罪，出使途中两次被俘，虽然到达大月氏，却未能成功游说月氏与汉朝联手，百余人的队伍仅仅剩下两人……

满朝动容，汉武帝唏嘘不已。13 年了，几乎所有人都已经对张骞的归来不抱希望，只有汉武帝会偶尔想起张骞辞别前的誓言，他还保留着最后一点幻想，幻想有一天能再次见到这个西去的使节。他居然真的回来了，一走就是 13 年，闯过了鬼门关，持节不失，归国复命。这一刻让所有人都无法言说。张骞忍耐了多年的酸楚，也突然在这一刻找到了意义，可他没有放声大哭，只是久久叩拜君王，叩拜这别离已久的母国！

汉武帝封张骞为太中大夫，授堂邑父为"奉使君"，这是对他们功绩实至名归的表彰。太中大夫仍然属于光禄勋，根据《汉书·百官公卿表》记载：太中大夫的俸禄是二千石，掌议论。在汉朝的文官系统中，一品是开府仪同三司，正二品为特进，从二品为光禄大夫，正三品为金紫光禄大夫，从三品为银青光禄大夫，正四品上为正议大夫，正四品下为通议大夫，从四品上为太中大夫。也就是说，张骞从一个小小的郎官一举晋升为从四品官员，从这个升迁的分量可以看出汉武帝对张骞颇为认可。

张骞并未沉溺于功名利禄之中，他立刻将自己掌握的西域各国的政治、经济、人文、地理情报系统地整理，或者通过口述，或者通过笔录，详细无误地记录下来。《史记·大宛列传》保存了张骞对西域各国的见闻录，他首先以大宛为中心描述了西域各国的地理位置关系：

大宛在匈奴西南，在汉正西，去汉可万里。……其北则康居，西则大月氏，西南则大夏，东北则乌孙，东则扜罙、于窴。于窴之西，则水皆西流，注西海；其东水东流，注盐泽。……而楼兰、姑师邑有城郭，临盐泽。盐泽去长安可五千里。匈奴右方居盐泽以东，至陇西长城，南接羌，鬲汉道焉。

接着又讲述了各国的概况和政治关系：

乌孙在大宛东北可二千里，行国，随畜，与匈奴同俗。控弦者数万，敢战。故服匈奴，及盛，取其羁属，不肯往朝会焉。

康居在大宛西北可二千里，行国，与月氏大同俗。控弦者八九万人。与大宛邻国。国小，南羁事月氏，东羁事匈奴。

奄蔡在康居西北可二千里，行国，与康居大同俗。控弦者十余万。临大泽，无崖，盖乃北海云。

在这份报告的第二部分，他以大月氏为界，讲述了西亚各国的状况，包括大夏、安息、条枝等国，还提到了身毒：

安息在大月氏西可数千里。其俗土著，耕田，田稻麦，蒲陶酒。城邑如大宛。其属小大数百城，地方数千里，最为大国。临妫水，有市，民商贾用车及船，行旁国或数千里。以银为钱，钱如其王面，王死辄更钱，效王面焉。画革旁行以为书记。其西则条枝，北有奄蔡、黎轩。

条枝在安息西数千里，临西海。暑湿。耕田，田稻。有大鸟，卵如瓮。人众甚多，往往有小君长，而安息役属之，以为外国。国善眩。安息长老传闻条枝有弱水、西王母，而未尝见。

大夏在大宛西南二千余里妫水南。其俗土著，有城屋，与大宛同俗。无大长，往往城邑置小长。其兵弱，畏战。善贾市。及大月氏西徙，攻败之，皆臣畜大夏。大夏民多，可百余万。其都曰蓝市城，有市贩贾诸物。其东南有身毒国。

斯文·赫定在《丝绸之路》中评论："他不仅向汉武帝陈述了今日新疆所在地诸绿洲和百姓的情况，而且禀报皇帝哪些路线可以通向西域诸国、印度、波斯和一直延伸至更加广袤的地域，还介绍了那些具有高度文明的各民族和丰富的资源情况。武帝立刻明白了这些情报对于中国贸易的发展和向西扩张势力具有何等重要的意义。"

通过这份报告，汉朝大致掌握了葱岭东西、中亚、西亚，以至安息、印度诸国的位置、特产、人口、城市、兵力的信息，这对即将面对决战的汉朝来说，至关重要。在此之前，汉朝对玉门之外的广阔西域一无所知，可张骞却填补了这一空白，此诚谓"凿空"。

张骞的报告是世界上对亚洲腹地首次翔实、可靠的记载，即便在今天，它仍然是研究这一地区最珍贵的历史文献。从此，这些地区、国家和汉朝的交往日益密切起来。正是因为这样前无古人的功业，汉武帝才破格晋升张骞为太中大夫，"掌议论"。可见汉武帝对张骞寄予的无限信任，他将张骞视为这个国家独一无二的西域问题专家，是这个领域最权威的顾问。在汉武帝即将展开对匈奴的决战之际，这个位置显得前所未有的重要。可是，在张骞内心中，却仍然有一丝愧疚，这次远征，毕竟未能完成与大月氏建立联盟，以夹攻匈奴的目的。

在后世的不少著作中曾经猜测，张骞回国后曾经居丧 3 年。他尽忠报效国家，却不能照顾父母，13 年后归来之际，却已经与亲人天人相隔，回家守孝，尽一个儿子最后的义务也在情理之中。

居丧，就是为直系亲属服丧。居丧制度是我国古代的丧葬制度和习俗中的一部分，又称为丁忧、守丧、值丧。为了最大限度地体现对亡者的尊重和哀悼，居丧制度对饮食、居处、哭泣、容体、言语、衣服、丧期都有详细的规定。在《礼记》中《杂记》《檀弓》《曲礼》《丧大记》《闲传》《丧服旧制》《问丧》等篇都记载了居丧所要秉持的礼节。在居丧期间，不得婚嫁，不得娱乐，不得洗澡，不得饮酒食肉，夫妻不能同房，必须居住在简陋的草棚中。有官职者必须解官居丧，要根据亡者与生者的元亲亲疏关系选择"五服"中合适的衣物。居丧的时间也有详细的规定，子为父母、妻为夫、臣为君应值守 3 年（实为 27 个月）。

这套制度，被称为"古今之通礼"。特别是汉武帝时期，由于对儒术的尊崇，居丧制度开始成为强制性的规范。不过，它的对象仅仅针对王室和诸侯，对普通的大臣和平民并无硬性要求。

张骞在此时提出居丧，一是出于人伦情感，二是对汉武帝的政策的极大尊重。他刚刚回朝，受人瞩目，一举一动都有着极大的影响力，此时对汉武帝的政策的恪守，无疑对朝廷内外都有良性的带动。因此，这种猜测不无道理。

　　张骞就这样重新开始了在母国的生活，不过，在他的心底深处，已经埋下了第二次出使的种子。

第十章
漠南之战——受封博望侯

公元前 124 年，汉武帝元朔五年，这注定是一个不平凡的年份，根据《资治通鉴》记载，这一年"春，大旱"。

作为游牧民族，匈奴对自然灾害的抵御能力非常孱弱。与农耕民族不同，游牧民族不事耕种，饮食也以肉类为主。因此，他们生活的全部来源就是草原。在风调雨顺的年份，牧场和绿洲水草丰茂，匈奴人过的是一种天堂般的牧歌生活。在无边的草原上，牛羊因为自然的馈赠变得肥壮，牧者吹奏胡笳，在灿烂的阳光下，他们脱下皮袍，和着悠扬的乐声起舞，兴之所至还会纵马打猎。春夏的草原上野物出没，猎人常常收获颇丰。一天结束后，他们钻进各自的帐篷，食肉饮酒，对着篝火豪饮。不过，这种完全依赖自然的快乐并不稳定，当秋冬到来，他们的生存环境便会变得十分恶劣。由于没有牧草，牲畜便没有了食物，匈奴人没有存粮，食物自然也会短缺。他们不得不"逐水草而居"，当他们无法忍耐那种奔波劳苦时，便会南下去中原地区劫掠。

公元前124年春天的这场干旱成了汉朝和匈奴战争的催化剂。经过严冬的考验，春天的到来没能缓解饥馑，干旱反而使得这种情况更加严重。随着牲畜的大量死亡，匈奴缺乏粮草，又开始蠢蠢欲动了。在三年之前，卫青将军在河套以南大败匈奴，汉朝得以建立朔方郡，依靠黄河抵御匈奴，一举扭转了不利局面。匈奴一直不甘心失败，而天降的旱灾终于使得他们铤而走险。这也拉开了汉朝与匈奴之间持续五年，包括漠南、河西、漠北三大战役的序幕。

元朔五年这场战役，被称为漠南之战，匈奴右贤王先后袭掠代郡（郡治代县，今河北蔚县东北代王城）、雁门（郡治善无，今山西右玉城南）、定襄（郡治成乐，今内蒙古和林格尔西北土城子）、上郡（郡治肤施，今陕西榆林市南鱼河堡）等地，杀掳无数。汉武帝派兵驰救。《资治通鉴》记载兵力部署如下：

车骑将军卫青将三万骑出高阙，卫尉苏建为游击将军，左内史李沮为高弩将军，太仆公孙贺为骑将军，代相李蔡为轻车将军，皆领属车骑将军，俱出朔方；大行李息、岸头侯张次公为将军，俱出右北平；凡十余万人，击匈奴。

　　由于张骞的归来，结合他羁住匈奴时期获得的情报，不仅使得汉朝行军时能够找到水草丰茂的地点补充给养，也使得汉武帝能够十分精确地部署兵力。这个作战安排，直接影响了战斗的结果。张骞"以校尉从大将军击匈奴"（《史记·大宛列传》）。前往朔方的部队意在右贤王王廷。出右北平的军队，意在牵制左贤王。从前汉武帝不敢出兵的原因，正是因为不知道匈奴兵力的安排，而现在，他可以放手一搏。依靠张骞提供的情报，他们认真分析了右贤王的性格和用兵习惯，可谓知己知彼，百战不殆！

　　出兵当天，卫青率领部队急行军六七百里。就在他们连夜奔袭之际，倨傲的右贤王认为这么远的距离，汉朝的部队不可能赶到，因此饮酒大醉，与爱妻酣眠。他哪里料到，趁着夜色，卫青带领的奇袭部队，策马飞驰，已经悄悄包围了尚在酣睡之中的右贤王部队。战斗打响后右贤王从梦中惊醒，这才发觉大势已去，他的惊慌在历史上留下了深刻的印记："夜逃，独与壮骑数百驰，溃围北去。"这场夜袭被兵家誉为传奇，卫青大获全胜，俘获右贤王部族男女一万五千余，牲畜数十万头。汉武帝接到战报后，派特使捧着印信，到军中拜卫青为大将军，所有将领归他指挥，欣喜之情溢于言表。同年四月，卫青的三个儿子被汉武帝封为列侯。长子卫伉为宜春侯，次子卫不疑为阴安侯，幼子卫登为发干侯，均食邑一千三百户。汉武帝还封赏了随从卫青作战的其他将领，一时荣宠无限！

卫青曾是平阳侯家的仆人，因为是庶出，很小的时候，便被父亲郑季打发去牧羊，在家中地位很低，甚至被当作奴仆。一次，他偶遇一名戴枷犯人，此人精通相术，曾经预言卫青："贵人也，官至封侯。"（《史记·卫将军骠骑列传》）可那时的卫青最大的愿望就是不再挨骂被打，他怎能料到，这个预言竟然成为现实！

与汉朝君臣的喜悦相比，这次失败让匈奴懊丧至极！堂堂的右贤王，匈奴的左膀右臂，竟然被打得仓皇逃窜！刚刚取得王位不久的伊稚斜单于怒气冲天，他明白，接连的失败对匈奴的军心极为不利，他必须扳回一局。

同年秋天，伊稚斜单于派出一万余骑兵袭击代郡。汉朝代郡都尉朱英被杀，匈奴虏获千余人口。刚刚取得胜利，士气正盛的汉军岂肯罢休，元朔六年（公元前 123 年）春，大将军卫青两次从定襄出兵，斩获匈奴万余人。最让人称奇的是，这次战役中，卫青的外甥、嫖姚校尉霍去病像一道闪电般脱颖而出。他年仅 17 岁，首战匈奴便以八百骑兵的部队斩获匈奴二千余人，最显赫的战功是他杀了伊稚斜单于的大行父，活捉了单于的叔父罗姑及匈奴相国、当户等高官，并且全身而返。霍去病的崭露头角，让汉武帝大为惊喜，这位天赐般的神奇小将，正如其名，可去汉朝心头之病。汉武帝封霍去病为冠军侯，赐食邑二千五百户。

汉武帝并没有忘记，这场战役的胜利，还有一个关键的人物——张骞，正是他带来的准确无误的情报，才促成了汉军的成功。元朔六年（公元前 123 年），汉武帝封张骞为博望侯，封地在今天的南阳市方城县博望镇，取"博广瞻望"之意。

正如张骞侯位的名称，汉武帝在瞻望着更多

的胜利。通过漠南之战，汉武帝和众位将领发现，即使在最初的作战中取得了胜利，可一旦匈奴北撤，汉军便会陷入被动之中。虽然张骞可以提供一些情报，但深入大漠，追击敌人，风险太大了。汉武帝也许不止一次设想，如果月氏能够与汉朝联手，夹击匈奴，匈奴就会腹背受敌，被一网打尽。这个时候，张骞想起了他在大夏的所见所闻，他曾经在蓝市城发现邛竹杖和蜀布，在交谈中，他得知这些来自于汉朝的商品是通过西南到达西域的。张骞曾经对通往西域的第三条道路有过推断：

> 以骞度之，大夏去汉万二千里，居西南。今身毒国又居大夏东南数千里，有蜀物，此其去蜀不远矣。今使大夏，从羌中，险，羌人恶之；少北，则为匈奴所得；从蜀，宜径，又无寇。（《史记·大宛列传》）

也就是说，想要进入西域的腹地，可以绕开匈奴，取道蜀地。通使西南夷的想法，在张骞脑海中逐渐成形。

第十一章
欲通西南夷

张骞的想法让汉武帝兴起了巨大的热情。

在汉朝，云南、贵州、四川西南部和甘肃南部分布着许多少数民族，汉朝将他们统称为"西南夷"，这个称呼一直延续到宋元时代。

整个西南夷地区，物产丰富，因为地貌复杂的原因，交通十分不便，因此这些物产大部分无法远销中原。在这些地区，各部族的生产生活状况各有不同，有的像中原地区一样农耕定居，有的地区从事游牧，不过，这些地区大多数都与巴蜀有商业交流，这得益于中原朝廷对西南夷的开发。

从战国时代起，西南夷便借助水路与巴蜀通行。

始楚威王时，使将军庄蹻将兵循江上，

略巴、蜀、黔中以西。(《史记·西南夷列传》)

可是，仅有的水路仍然无法缓解交通的难题，要想让西南夷和中原实现有效率的通行，陆路交通必不可少。可是，许多通行的路段必须要凿开坚固的悬崖峭壁，当时还没有发明火药，人力根本无法完成，因此道路一直无法修建。公元前256年，秦昭王任命李冰为蜀郡太守。这位著名的水利工程专家终于解决了这个难题。他发明了积薪烧岩的开道之法：用烈火焚烧山石，通过不断加入柴火保持火焰的温度，岩石的温度通过火烧不断升高，甚至变得火烫，此时猛泼凉水，随着温度的骤然变化，热胀冷缩的岩石因此炸裂，至少也不再像从前那么坚硬。这个方法使得岩石容易开凿了，也就是说，直到李冰的出现，才使得开辟陆路交通成为可能。李冰带领工匠们用这种方法修建了一条由成都至宜宾的道路，这便是"僰(bó)道"。

秦始皇统一中国以后，为了加强对西南夷的控制，便派遣将军常頞率军在僰道的基础上继续修路，将原有的道路扩宽至五尺，南经高县、筠连，渡筠连河，西至云南盐津，渡横江，沿横江北岸西行，经豆沙关至大关、彝良，渡洒鱼河南到昭通，这条路就是历史上有名的"五尺道"。至今在筠连县川滇交界的武德乡"幺店子"一带，还有一段保存完好的"五尺道"遗迹。

不过，五尺道虽然经过扩宽，但仍然仅能通人，无法通车。因此，到了西汉时期，起初为了联合夜郎攻打南越，汉将唐蒙奉命修路。将五尺道加以整修扩建，形成由僰道南下，过石门（今云南盐津豆沙关）到朱提（今云南昭通），然后经由味县（今云南曲靖），到达滇池地区的官道。又因为这条道路以朱提为枢纽，故又称为朱提道。在耗费了数万人的精力，苦心经营了十几年后，进入夜郎国的道路终于开通了，这条路就是南夷道。郦道元在《水经注·江水》中描述了南夷道的状况：

> 唐蒙乃凿石开阁，以通南中，迄于建宁，二千余里。山道广丈余，深三四丈，其錾凿之迹犹存。

在五尺道的基础上，山道扩宽到"丈余"，而道路的深度竟然达到三四丈，在沿途的高山密林中蜿蜒逶迤，长达两千多里，通商、行车、行

100

军都畅通无阻。可以想象，这样一条道路的耗费一定是惊人的。

> 当是时，巴蜀四郡通西南夷道，戍转相馈。数岁，道不通，士罢饿离湿，死者甚众；西南夷又数反，发兵兴击，耗费无功。上患之，使公孙弘往视问焉。还对，言其不便。（《史记·西南夷列传》）

为了开通这条道路，耗费了大量的人力物力，因为运输不畅，连工人的粮饷都无法保证，加之西南气候湿热，工程艰险，死伤无数。而且在开通过程中，西南夷又几次兴兵攻击，更让工程雪上加霜。在一片怨声载道之中，汉武帝不得不暂停开辟西南夷的事业，不过，这始终是他的心病之一。因此，当张骞谈起在大夏的往事，并说起可能有一条捷径时，汉武帝的热情立刻被唤起。诚如张骞所说，"大夏在汉西南，慕中国，患匈奴隔其道，诚通蜀，身毒道便近，有利无害"（《史记·西南夷列传》），大夏对汉朝有仰慕之心，但是苦于匈奴阻隔，一直无法交往，如果能开发西南夷，打通通往身毒的道路，的确有利无害。这不仅有利于西南夷地区的经济发展，可以通过通商加强对西南夷的控制，而且这个地区的开通也是为将来打击南越做铺垫。最后，也是眼前最重要的目的，如果真能找到通往身毒的捷径，那么便能通过此路进入西域，联络西域各国，对抗匈奴。"于是天子乃令王然于、柏始昌、吕越人等，使间出西夷西，指求身毒国。"（《史记·西南夷列传》）

跟上一次张骞大张旗鼓出使不同，这一次的使团，要执行一项秘密任务。一来汉武帝之前曾经停止经营西南夷事务，在没有完备的条件时，不能随便更改圣命；二来他们的出使带有明确的政治、军事任务，知道的人越少越好。汉武帝采纳了张骞的建议，但是并没有派张骞出使，因为在他看来，张骞在未来的决战中还将起到更重要的作用。

据《史记·大宛列传》记载，汉武帝派遣王然于、柏始昌、吕越人等人，分四路出发：一路从駹出发，一路从冉起程，一路从徙出动，一路从邛僰启行，四路同时启程寻找前往身毒的捷径。不过，四路使者的任务进行得都不顺利。

从北边出发的一队碰到了氐（dī）族的阻拦。氐族在两汉之前分布在今甘肃、陕西、四川等省的交界处，后在五胡十六国时期建立过自己的几个政权，不过，随着民族大融合的历史潮流，氐族逐渐融合于汉族之中。关于他们的来源，有的学者认为他们与羌有密切的关系，因此称之为氐羌；也有人认为氐与古老的三苗有渊源。三苗最早分布地带达长江以北、淮河以南，由于华夏集团向南扩张，三苗不得不向西向南迁徙，一部分后人便形成氐族。氐族不欢迎汉武帝的使者通过。

试图越过川滇交界的第二队被筰拦下。那里是一个多民族的聚居区，史称大筰。古时的大筰即是今日的盐边，由于不了解汉朝，他们无法理解、认同汉朝使者的目的，因此也拒绝放行。

从南边出发的两个队伍同样受阻，一队被嶲所阻拦。"嶲"音"髓"，是邛的国都。国内有嶲水流过，司马迁在《司马相如列传》中将嶲水写作"孙水"，至今四川凉山州安宁河上游的一支仍称孙水河。

最后一队的经历最为戏剧性。他们先被昆明人阻拦。汉朝时，昆明没有国家的概念，没有君王，居民保持着原始的野性，因此，汉朝的使者屡屡被劫杀。这一队未能通过昆明，却有了别的收获。他们在昆明听说，在西边一千多里之外，有一个名叫"滇越"的国家，那里打仗不是骑马，而是骑象，而且也能看到来自于蜀郡的商品。换句话说，有商旅到达的地方便有道路，因此，这队使者改变了路线，开始寻找滇国。

有关古滇国的来龙去脉，最早在司马迁的《史记·西南夷列传》里有过记载。楚顷襄王曾派一个姓庄的将军南征，庄将军征服了夜郎，一直攻打到滇池，也就是今天的云南昆明一带。就在庄将军想归国的时候，秦国却攻占了他来时的道路，归国之路就此断绝，庄将军只好留在滇池附近，自立为滇王，这便是"滇国"的来历。滇国在历史上存在不到四百年，从公元前 278 年开始，到东汉元初二年（公元 115 年）才完全灭亡。在这四个世纪中，滇国人民发展了自己独特的艺术，特别是他们的青铜器艺术，从生产工具、生活用具到兵器、乐器乃至小小的装饰品，都体现出了其独树一帜的艺术表现力。他们善于在青铜器上刻画动植物的图像，从虎豹猛兽，到昆虫植物，无不栩栩如生，令人惊叹。

据说，当汉朝的使者面见滇王时，还曾发生过一些趣事：

滇王与汉使者言曰:'汉孰与我大?'及夜郎侯亦然。(《史记·西南夷列传》)

滇王曾经问汉朝使者:汉朝和我国相比,哪个大?夜郎的国王也曾经问过这个问题,这桩掌故后来变成了成语"夜郎自大",用来形容骄傲无知,妄自尊大。实际上,正如司马迁的评语:"以道不通故,各自以为一州主,不知汉广大。"(《史记·西南夷列传》)滇王和夜郎国的君主,并非完全的骄傲肤浅,而是因为道路不通,无法了解外界广大的世界;当他们听到汉朝使者描述地大物博的汉朝时,他们的亲近和归附之心也逐渐兴起。公元前 109 年,汉武帝派郭昌出兵西南,先后灭劳浸、靡莫,滇王主动投降,并得到汉武帝的册封并颁发的"滇王之印"。这枚金印是蟠蛇纽造型,蛇背铸有鳞纹,昂首向右,标志着滇文化和汉文化的合流。公元 69 年,汉王朝开拓和经营西南的最远的边郡——永昌郡设立。自此,西夷道、南夷道、永昌道连成一线,古道全线贯通。而这,便是西南丝绸之路的前身。

张骞的劝谏,是这一切的催化剂。

第十二章
河西之战——从博望侯到庶人

在派遣使者寻找身毒的同时，汉武帝还是将主要精力放在征伐匈奴之上。漠南之战虽然成功，但是并没有歼灭匈奴主力。不过汉军收获了对匈奴作战的经验，也收获了霍去病。很快，这个年轻的将军将在后面的战役中扮演重要的角色。元朔六年十月，汉武帝在一次狩猎时获得一只"一角而足有五蹄"的神兽，他将此视为异象吉兆，因此改年号为"元狩"。

冬，十月，上行幸雍，祠五畤，获兽，一角而足有五蹄。有司言："陛下肃祗郊祀，上帝报享，锡一角兽，盖麟云。"于是以庆五畤，畤加一牛，以燎。久之，有司又言："元宜以天瑞命，不宜以一二数，一元曰建，

二元以长星曰光，今元以郊得一角兽曰狩
云。"于是济北王以为天子且封禅，上书献
太山及其旁邑。天子以他县偿之。(《资治通
鉴·汉纪十一》)

从这个"狩"字可以看出汉武帝对征伐匈奴
的决心，如果说从前的战役是被动地反击，那么
从这一年开始，汉武帝开始了对匈奴的主动征
伐。河西之战开始了!

元狩二年(公元前121年)四月，汉武帝大
胆启用年仅十九岁的骠骑将军霍去病出征河西。
值得一提的是，这一次，汉军的行军路线与张骞
首次出使的路线重合，张骞是由陇西进入河西走
廊的，霍去病的行军路线与此一致。《史记·匈
奴列传》中记载:

其明年春，汉使骠骑将军去病将万骑出
陇西，过焉支山千余里，击匈奴，得胡首虏
万八千余级，破得休屠王祭天金人。其夏，
骠骑将军复与合骑侯数万骑出陇西、北地二
千里，击匈奴。过居延，攻祁连山，得胡首
虏三万余人，裨小王以下七十余人。

人称霍骠姚的小将军用兵奇诡，率军从陇西

郡出发后，六天转战千余里，雷霆一般横扫河西诸小王；接着在焉支山即今甘肃张掖市山丹县大黄山杀了一个来回，终于在皋兰山即今甘肃临夏县东南与匈奴部队短兵相接。这可以说是名垂青史的一战，折兰王被杀，卢侯土被斩，浑邪王之子及其相国、都尉，全体被擒；甚至圣物"祭天金人"都成了汉军的战利品。而汉军兵力损失基本可忽略不计。

这次河西远征的成功，击破了匈奴与西域纵深的贸易线，同时将祁连山北麓的草场收回，使得匈奴无法蓄养战马，这无疑是釜底抽薪的一战，使一缺银钱二少战马的匈奴将在未来的战斗中面临更多的困难。然而让匈奴感到惶然的是，一个 19 岁的少年将军，竟然将整个匈奴所崇拜的祭天金人夺走，这在无形中给匈奴带来了一种强烈的心理暗示，他们失去了神的庇护。匈奴的信心无疑受到了毁灭性的打击。

河西之战的成功，极大地鼓舞了汉军的士气，也让张骞异常欣慰，13 年的坚持，到今天终于有所见效。可他也明白，匈奴不会坐以待毙，他们必将集结重兵，卷土重来，恶战就在眼前。

果然，元狩二年五月，匈奴再犯北地和右北平，出兵四万侵占居延海。基于第一次胜利的经验，汉武帝派博望侯张骞、郎中令李广率万余骑兵出右北平，进击左贤王部，开始了第二次河西之战。

　　汉武帝的部署，更加印证了张骞在整个反击匈奴战争中的重要作用。霍去病与公孙敖合领骑兵数万，都从北地出兵，分道向西进击。他们不负众望，部队再次大胜。汉武帝对霍去病大加赞赏，益封其食邑五千户，其手下部将也多因功封侯。

　　但是，西汉进攻匈奴左贤王部的军队却出师不利。"骞为卫尉，与李将军俱出右北平击匈奴。"（《史记·大宛列传》）该路军以李广为先锋，李广率四千余骑先头部队先行出发，张骞所率主力却未按照预定时间出击，致使李广军北进数百里后，被左贤王军四万骑团团围住。面对优势敌兵，李广沉着应战，先令其子李敢率数十骑贯穿敌阵，以示匈奴军易破，稳定住军心；然后将四千骑布成圆阵，外向应战，用弓矢与匈奴军对射。激战两日，汉军死伤过半，匈奴死伤与汉军相当。最后张骞终于率主力赶到，匈奴军见不能取胜，遂解围北去。

河西之战是汉武帝继河南、漠南作战胜利后对匈奴所采取的又一次重大战略行动，也是汉武帝时期对匈奴最重大的三次战役之一。战争胜利后，汉武帝设立了酒泉郡（公元前121年），之后又陆续设立了武威郡（公元前115年）、张掖郡（公元前111年）、敦煌郡（公元前88年），这就是著名的河西四郡。加上与敦煌城成掎角之势的阳关和玉门关牢牢把持住西域的入口，被班固赞为"列四郡，据两关"。酒泉郡的设立，彻底切断了匈奴和羌人的联系，将河西走廊牢牢控制在汉朝手中。

张骞因为未能按期与李广会合，按律当处死罪，他以财物赎免，因此被贬为庶人。庶人的概念来自于周朝。在周朝，所有居住在国中和国家郊区的臣民被称为国人，上层包括卿（即贵族）、大夫、士，而下层则为庶人。也就是说，庶人就是最平常的平民，没有官爵，没有俸禄。他们承担的义务却很多，服兵役、缴纳赋税，如果遇到国家的重大工程，还要服劳役。

在西汉，军队编制、军功爵赏和军事刑法都有非常清晰和严格的法令，战争关乎国家生死存亡，因此相较一般的刑律而言，军法的量刑要稍重一些。对违反军法的人，要由军内执法机构来执行，因此，这是一套兵刑合一的制度，军队既是作战组织，又是执法工具，将帅领兵，兼治刑狱。执行军事刑法的人又称"军正"或"军吏"。不过，虽然量刑很重，但也有例外，比如天子特赦，或者允许缴纳赎金，被贬为庶人等。在汉代军法中，按律当斩但可交赎金换取庶人身份的罪责包括："弃军逃亡"；"畏懦后期"，也就是因为胆怯不发兵而延误战机；第三种是"失亡过多"，在战斗中损失伤亡过大也会被论罪；"虏获不实"，这一条则指谎报战果邀功；"乱屯兵"，这一条罪责当自杀；"争功"，如果将领之间因私欲而争功破坏战果，将遭到弃尸街头的惩罚；"迷失道"，在作战的时候迷路导致战斗失败或者贻误战机，也是死罪一条；"乏军兴"，由朝廷征集调派的物资被称为"兴"，军兴就是军用物资，不按时交纳军用物资的处罚为贬官降俸禄；"擅军兴"，这一条罪状则与上一条相反，这是擅自征集或者挪用军用物资，按罪当处以诛杀、下狱、免职的责罚；"奉使矫制"，这条罪责简单的说就是假传圣旨，尤其是外派使节，假借君命，按律当斩；"丢失符节"，所谓符节，是朝廷向下传达命令、调兵遣将时所给予的凭信，一般都用昂贵、坚固的材料制成，比如金、铜、玉、角、竹、木、铅；使用的时候，上下级各持一半；传达命令时把各自所持有的部分拿出来比对在一起，能够完整符合便为真，否则就是假。在汉代，调兵的符节多为错银虎符[①]，在战争期间，丢失符节很容易造成重大变故，因此依律当斩。

依照汉朝的军法，张骞所犯之罪为"畏懦后期"，因为迟到而延误战机，按律当斩。张骞缴纳了赎金，被贬为庶人。可以说，他从博望侯的人生巅峰一下跌入了人生低谷，前半生的所有功绩，在一朝一夕之间就被轻易擦去。不过，张骞没有怨言，他明白这是关乎国家生死存亡的大事，汉武帝的赏罚分明能够振奋军心，张骞无可辩驳。在他的心中，只是在苦苦思索一个问题：他该如何将功折罪，如何再次帮助汉武帝、再次帮助这个国家。

———————

①错银：错银是特种工艺的一种，在凹下去的文字、花纹中镶上或涂上银丝。虎符是用铜铸成虎形，剖开两半，错银。

第十三章
漠北决战——漠南无王廷

元狩四年（公元前 119 年），《资治通鉴》中特地记录了一桩天象：

> 春，有星孛于东北。夏，有长星出于西北。

"星孛"是我国古代对彗星的称呼，根据它出现时不同的形貌，古人对它有不同的称呼。孛，它的光芒较短，看上去如同蓬草，光芒多是黄、白；而彗，也叫扫星，形状如同扫把；长星的光芒拖尾长度不定，但比前两者都长。根据古代的星占学，彗星的出现被赋予了多种寓意。在星占家们看来，星孛的出现意味着除旧布新，而长星的出现，则意味着一场大战即将到来。庾信就有"直虹朝映垒，长星夜落营"（《拟〈咏怀〉》）

的句子。这两件事，的确都发生了。

在取得漠南、河西的胜利后，一方面，汉武帝获得了宝贵的战争经验；另一方面，汉王朝君臣上下都意识到，要想真正打败称霸西域八十多年的匈奴，不可能一蹴而就，他们必须做更全面的准备。河西之战后，伊稚斜单于撤兵漠北，如果要攻打匈奴主力，必须深入沙漠作战。那么，支持庞大军费的财政开支就变成一个严重的问题。为了解决这个难题，汉武帝开始重用桑弘羊。

桑弘羊出生在一个商人家庭，他对计算有过人的天赋，因此，他13岁便入侍宫中。为了尽快充实国库，桑弘羊实施了一系列的财政改革。在节流方面，他组织60万人屯田戍边驻守河西四镇，这不仅减少了换防的支出，增加了税赋，同时让河西走廊更加安全。在开源方面，元狩四年桑弘羊建议汉武帝，实现了盐铁官营，并且推行了一次币制改革。盐铁官营大幅度增加了政府的财政收入，而发行白金三品及白鹿皮币，也是一种创造性的币制改革，同样为攻打匈奴奠定了物质基础。

在汉武帝积极准备最后决战的时候，迁徙到漠北的伊稚斜单于也在谋划反击大计。其实，他撤回漠北的策略，来自于一个叫赵信的人。赵信本是胡人，因战败投降汉朝，改名赵信，被汉武帝封为翕侯。他曾经为汉朝立下不少军功，但是在漠南之战二次出定襄中兵败，投降匈奴。伊稚斜单于知道赵信掌握汉军的情报，因此百般笼络。先是封他为"自次王"，又将单于的姐姐许配给他。和张骞相比，赵信毫无节操，就此效忠匈奴。正是他建议伊稚斜单于离开阴山地区，徙居漠北，目的就是要诱使汉军深入沙漠，再伺机围攻。

不过，伊稚斜单于虽然满心守株待兔，但汉武帝一直不为所动。在伊稚斜单于越来越焦躁的等待中，一次意外出现了。因为两次河西之战，伊稚斜单于对于浑邪王、休屠王丢失河西走廊一直耿耿于怀；特别是损失了祁连山北麓那片巨大的马场，更让伊稚斜单于椎心泣血，要知道，这等于送给汉军一把利器。因此，伊稚斜单于下决心要惩罚二王，这导致浑邪王和休屠王起意降汉。二王派使者谒见汉武帝说明降意，汉武帝派霍去病率一万骑兵前去受降，他害怕这是匈奴的诈降之计，万一中了埋伏，后果不堪设想。果然，霍去病尚未抵达河西，休屠王临阵变卦，一心降汉的浑邪王杀掉休屠王，并在霍去病的帮助下收编其部众，稳定了军心。霍去病将浑邪王送去长安，浑邪王被封为漯阳侯。

消息传到单于大帐，伊稚斜单于大怒，他再也无法忍受等待，因此抛弃了赵信给他的建议，再次悍然侵扰。公元前 120 年（元狩三年），匈奴发兵数万，兵分两路，进攻右北平和定襄。

经过两年的积极准备，汉武帝征集了 14 万骑兵，随军战马 14 万匹，步兵及转运夫 10 万人，粮草不计其数。而张骞也结合自己在漠北的生活经历，尽己所能提供全部的情报，供将军们规划作战的路线和策略。汉军官兵日夜操练，不敢懈怠，举国上下都在为决战做最后的准备。伊稚斜单于的这次进犯，终于引发了漠北之战。

元狩四年（公元前 119 年）春，汉武帝调集 10 万骑兵，命大将军卫青、骠骑将军霍去病各领 5 万，深入漠北，寻歼匈奴主力。在商定作战计划时，汉武帝认为：

> 赵信为单于画计，常以为汉兵不能度幕（漠）轻留，今大发士卒，其势必得所欲。
>
> （《史记·卫将军骠骑列传》）

因此，汉武帝充分吸取漠南、河西的经验，以骑兵远途奔袭的策略，深入漠北，攻打匈奴，出其不意，攻其不备。在之前的几次战争中，李广一直未曾立功，他的后辈卫青、霍去病已经成为国家的中流砥柱，封侯拜将。李广将军此时年事渐高，虽然威名在外，却一直未能封侯。为酬壮志，李广在开战前几次向汉武帝请缨。可是汉武帝的态度却颇可玩味：

> 天子以为老，弗许；良久乃许之，以为前将军。（《史记·李将军列传》）

汉武帝不太愿意让李广出战，一部分原因是因为他年事已高，另一部分原因则是这些老将领的作战方式太过守旧，汉武帝担心他们的作风与卫青、霍去病的作战策略不能很好地配合，因此，不愿意让李广前往战场。但李广反复请战，汉武帝改变了心意，派李广担任前将军。这个前将军，象征的意义大于战略的意义，一来是为了让老将军满愿，二来是用飞将军作为前哨先锋，震慑敌人。

就这样，汉武帝以卫青统领全军，同霍去病由定襄出发，李广为前将军、太仆公孙贺为中将军、主爵赵食其为右将军、平阳侯曹襄为后将军，开赴漠北。此战争取力挫单于主力，一举平定西域，漠北决战就此展开。

西翼大军在卫青的带领下从定襄出塞后，捕获俘虏，得知伊稚斜单于的确切驻地，使令前将军李广与右将军赵食其两部合并，从东路出击匈奴军侧背，自率精兵直攻匈奴军。可李广报国心切，他向卫青请求：

> 臣部为前将军，今大将军乃徙令臣出东道，且臣结发而与匈奴战，今乃一得当单于，臣愿居前，先死单于。（《史记·李将军列传》）

卫青让李广从东路行军的原因，有人说他争功，但《史记·李将军列传》中记载，这是汉武帝的授意：

> 大将军青亦阴受上诫，以为李广老，数奇，毋令当单于，恐不得所欲。

汉武帝表面上答应了李广的出战，但实际上，他曾在暗中向卫青告诫，他认为李广年事已高，而且命运多舛，因此不得让他正面参与对战单于。因此，尽管李广一再请求，但卫青仍令长史封书交给李广。李广一气之下，率军自行东去。

> 广不谢大将军而起行，意甚愠怒而就部，引兵与右将军食其合军出东道。（《史记·李将军列传》）

由于没有向导，李广的部队在沙漠中迷失道路，从而错失战机。再次遇到卫青时，李广已经心灰意冷。为了调查详细的情况，卫青派长史责令李广幕府的人员前去接受询问。李广年近六旬，性格刚烈，几次作战，要么失败，要么被俘，而这一次又迷路，心中充满了莫名的悲愤。李广主动承担了迷路的一切责任，并承诺自己会交出报告。事情迅速演化成了一场悲剧：

> 至莫府，广谓其麾下曰：'广结发与匈奴大小七十余战，今幸从大将军出接单于兵，而大将军又徙广部行回远，而又迷失道，岂非天哉！且广年六十余矣，终不能复对刀笔之吏。'遂引刀自刭。（《史记·李将军列传》）

就在这种对上天和命运的怨愤中，李广引刀

119

自戕，这位悲剧英雄悲剧性地死亡，让"广军士大夫一军皆哭"，也让举国上下之人"皆为垂涕"。李广之死，历来为文人叹息，甚至有"卫青不败由天幸，李广无功缘数奇"（唐·王维《老将行》）的喟叹。但从古至今，兵家一直对老将军崇敬有加，唐德宗时将李广等历史上六十四位武功卓著的名将供奉于武成王即姜子牙庙内，被称为武成王庙六十四将。

不过，卫青在这场战役中仍然功勋卓著。他带领大军行军千余里，终于与伊稚斜单于所部相遇。卫青见匈奴军早有准备，便拿出了手中制胜神器——武刚车。《孙子兵法》上曾经描述过武刚车的外形：

> 有巾有盖，谓之武刚车。武刚车者，为先驱。又为属车轻车，为后殿焉。

武刚车是一种出现在汉朝的战车，车身及车顶用牛皮犀甲覆盖，用来抵御弓箭飞石的攻击；车身长二丈，宽一丈四，车外侧绑长矛，内侧置大盾，可攻可守，可负重可作战；几辆武刚车环扣，便是移动的坚固堡垒。卫青以武刚车做出可攻可守的堡垒，重重包围单于部后，发五千骑兵

120

进攻，伊稚斜单于出动万骑应战。《史记·卫将军骠骑列传》记载了这场令天地变色的血战：

> 而适值大将军军出塞千余里，见单于兵陈而待，于是大将军令武刚车自环为营，而纵五千骑往当匈奴。匈奴亦纵可万骑。会日且入，大风起，沙砾击面，两军不相见，汉益纵左右翼绕单于。单于视汉兵多，而士马尚强，战而匈奴不利，薄莫，单于遂乘六骡，壮骑可数百，直冒汉围西北驰去。时已昏，汉匈奴相纷挐，杀伤大当。

在一场遮天蔽日的大沙暴中，连彼此的脸都看不到，汉军和匈奴只能在风暴中混战肉搏。机不可失，卫青马上命令大军分成左右两翼包抄。伊稚斜单于明白大势已去，立刻率领数百骑兵从西北方向突围逃走。卫青得到单于逃走的消息后，命令轻骑兵连夜追击。唐朝诗人卢纶的一首《塞下曲·月黑雁飞高》，记录了当时的状况：

> 月黑雁飞高，
> 单于夜遁逃。
> 欲将轻骑逐，
> 大雪满弓刀。

失去主帅的匈奴部队溃不成军，一败涂地。汉军追击伊稚斜单于二百余里，未能追上。卫青率领主力跟进，沿途歼敌万余人，端了赵信的老窝"赵信城"，缴获匈奴大批粮草。补充给养后，卫青烧毁了"赵信城"和剩余的粮草，让匈奴再无反扑的可能。此战卫青大军一共歼敌1.9万人。

　　东路由霍去病带领，从代郡出发，同右北平郡（治今内蒙古宁城西南）太守路博德部会师，深入漠北寻找匈奴主力。如果说，卫青带领的主力是长枪重炮，那霍去病所部则是一把锋利的匕首。霍去病的部下都是些骁勇善战之辈，其中不乏匈奴降将，他刚刚21岁的年纪，但手下如狼似虎的猛将对他忠诚有加，敬服不已。霍去病的神勇可见一斑。这一次，霍去病延续了漠南、河西之战的策略，只带少量的辎重粮草，轻兵快马，速战速决。一路上活捉单于大臣章渠，诛杀北车耆王，越过难侯山，渡过弓卢水，抓获屯头王、韩王将军、相国、当户、都尉等85人。以一万人的损失数量斩获胡虏70443人！

　　卫青和霍去病东西两路大军告捷，这意味着匈奴左、右贤王这两只臂膀被彻底斩断，只剩匈奴单于孤掌难鸣。而伊稚斜单于仓皇出逃途中与大部队失散十余日，以至于被误认为战死沙场。于是右谷蠡王自立为单于，待十几天后伊稚斜再次出现时，右谷蠡王才免去了自封的单于。匈奴混乱至此，狼狈至此。

霍去病追击敌人直到狼居胥山。对于狼居胥山，有人说是今天蒙古国境内的肯特山，也有人说是河套地区西北部的狼山。霍去病见敌人遁走，便在狼居胥山祭天，在姑衍山祭地，从此，这里便是汉家疆土。从白登之围到封狼居胥，为了这个胜利，汉朝整整准备了八十年！从此，封狼居胥也成为兵家的最高荣誉。

汉武帝终于了却一桩大事，他加封卫青、霍去病为大司马，从此二人各号大司马大将军、大司马骠骑将军。这一战后，从此漠南无王廷！在隋朝第一名将杨素的《出塞》诗中，对卫青、霍去病二位名将的风采赞赏有加：

> 漠南胡未空，汉将复临戎。
>
> 飞狐出塞北，碣石指辽东。
>
> 冠军临瀚海，长平翼大风。
>
> 云横虎落阵，气抱龙城虹。
>
> 横行万里外，胡运百年穷。
>
> 兵寝星芒落，战解月轮空。

严镶息夜斗，骍角罢鸣弓。

北风嘶朔马，胡霜切塞鸿。

休明大道暨，幽荒日用同。

方就长安邸，来谒建章宫。

汉武帝尤其偏爱霍去病，在上述封赏外，他又以五千八百户益封骠骑将军，其部下将官也多人封侯受赏。

元狩六年，霍去病因病去世，年仅 24 岁。汉武帝极度悲伤，调遣边境五郡的铁甲军，从长安到茂陵排列成阵，给霍去病修的坟墓外形像祁连山的样子，把勇武与扩地两个原则加以合并，追谥其为景桓侯。不仅如此，他还在霍去病墓前塑造了三尊流传千古的石雕。第一尊是《马踏匈奴》，由花岗岩制成，高 168 厘米，长 190 厘米。第二尊叫《伏虎》，同为花岗岩制品，长 200 厘米，宽 84 厘米。而第三尊叫《跃马》，高 150 厘米，长 240 厘米。这三座石雕矗立于陕西兴平道常村西北霍去病墓前，将霍去病一生中最光辉的瞬间凝固在历史中。

第十四章
第二次出使

　　经过三次对匈奴的大规模战役，特别是漠北之战，汉朝取得了对匈奴的绝对胜利。匈奴的部队主力基本被打垮，屯粮被烧毁，用来蓄养战马的祁连牧场也被汉朝夺回，可以说，在河西走廊一带，匈奴已无立锥之力。因此，伊稚斜单于被迫北迁。这之后的几十年之内，匈奴帝国陆续分裂成多个小部落，再也没有恢复到往日的强大。但是，匈奴并没有被全歼，残余部众虽然远撤，但仍保留着作战能力，在钱粮不足的时候还是会侵扰汉朝。就在漠北之战几年后，武帝元鼎五年冬（公元前 112 年），乌维单于进犯五原郡，还杀死了太守。也就是说，匈奴卷土重来的威胁仍然存在。

　　同时，汉朝胜利的代价也非常惨重，据记载：

> 两军之出塞，塞阅官及私马凡十四万匹，而复入塞者不满三万匹。（《史记·卫将军骠骑列传》）

漠北之战，汉军仅战马就损失了11万匹，战况之惨烈可见一斑。可以说，这一战将汉朝多年的积累消耗一空，短时间内再也无力集结重兵打击匈奴残部。因此，对西域的政策，还是要攻防结合。在这种情况下，联合西域各国一起抵御匈奴，是最佳的策略。由于战争的胜利，从前出使西域的种种不确定和危险已经不存在。张骞明白，他再次出使的时机到了。这一次，他的目的地是乌孙。《汉书·西域传》对乌孙的概况有详尽的记录：

> 乌孙国，大昆弥治赤谷城，去长安八千九百里。户十二万，口六十三万，胜兵十八万八千八百人。相，大禄，左右大将二人，侯三人，大将、都尉各一人，大监二人，大吏一人，舍中大吏二人，骑君一人。东至都护治所千七百二十一里，西至康居蕃内地五千里。地莽平。多雨，寒。山多松㯔。不田作种树，随畜逐水草，与匈奴同俗。国多

126

马，富人至四五千匹。民刚恶，贪狠无信，多寇盗，最为强国。故服匈奴，后盛大，取羁属，不肯往朝会。东与匈奴、西北与康居、西与大宛、南与城郭诸国相接。本塞地也，大月氏西破走塞王，塞王南越县度。大月氏居其地。后乌孙昆莫击破大月氏，大月氏徙西臣大夏，而乌孙昆莫居之，故乌孙民有塞种、大月氏种云。

公元前 2 世纪初叶，乌孙人曾经与月氏人共同在河西走廊一带游牧。历来学者对乌孙人的起源说法不一。他们的习俗和匈奴人很像，不事农耕，逐水草而居，因此，有的学者认为，乌孙人就是匈奴人。可是，乌孙人的起源传说和突厥人一样跟狼有关；另外，他们称国王为昆莫或昆弥，贵族的名字多以"靡"字收尾；他们分布的地区与后来突厥族兴起的地区有很多交集，因此也有学者认为，乌孙人其实是突厥人。学界众说纷纭，就连对乌孙人的外貌描述也是云里雾里。唐代颜师古对《汉书·西域传》所作注解中曾经说：

乌孙于西域诸戎，其形最异，今之胡人

青眼赤须状类弥猴者，本其种也。

在西域的所有异族人中，乌孙人的长相最为特殊，他们身形高大，四肢修长，如同"猕猴"，毛发颜色发红，眼睛是蓝绿色。有学者考证，按照这个描述，乌孙人应该是欧罗巴人种。居住在河西走廊的乌孙人十分骁勇善战，与匈奴保持着大体上的和平。公元前 177 年，月氏被匈奴攻打，他们将当时的乌孙王难兜靡杀死，夺走了乌孙的土地。传说，当时难兜靡刚刚出生的儿子猎骄靡被部落残众救走投奔匈奴。在路上，带他逃命的族人为了寻找食物，把他暂时藏在草丛里。等他们回来的时候，却目睹了一个传奇的场面：母狼前来为猎骄靡哺乳，而天上的乌鸦也衔来肉块，试图喂给猎骄靡吃。这种种迹象，在草原民族看来便是神的庇佑，甚至这个还在襁褓中的孩子，也被视为神明的化身。乌孙人将这些告知单于时，单于也觉得这个乌孙王子所显示的种种"神迹"十分吉祥，因此收养了猎骄靡。猎骄靡在匈奴长大，并在多年以后率领族人打退月氏，夺回原来在伊犁河的地盘。至今，这里仍然留存着一条被誉为"殿堂级徒步路线"的乌孙古道。乌孙古道贯通天山南北，连接准噶尔盆地和塔里木绿洲，这块河谷草原水草丰茂，非常适合居住。因此，对乌孙的战略意义汉朝的君臣有一致的认识："今单于新困于汉，而故浑邪地空无人。蛮夷俗贪汉财物，今诚以此时而厚币赂乌孙，招以益东，居故浑邪之地，与汉结昆弟，其势宜听，听则是断匈奴右臂也。既连乌孙，自其西大夏之属皆可招来而为外臣。"（《史记·大宛列传》）

在河西之战以后，浑邪王已经归降汉朝，被封为漯阴侯。他的旧部约有四万人，分别被纳入陇西、北地、朔方、云中、代郡。如果能让乌孙人进入浑邪王的故地，万一匈奴卷土重来，那么第一道防线便是乌孙人。不仅如此，如果能联合乌孙，那么在妫水的大夏等国也必然会受到影响，成为汉朝的友邦外臣。这样，汉朝的威望、国家的安全会得到极大的增强。因此，汉武帝欣然下令，"拜骞为中郎将，将三百人，马各二匹，牛羊以万数，赍金币帛直数千巨万，多持节副使，道可使，使遗之他旁国"（《史记·大宛列传》）。

汉武帝拜张骞为中郎将，由他来统帅整个使团。在汉朝的武官系统中，最高级别是将军，其次是中郎将和校尉，将军需要极为显赫的战功，因此并不常设，因此，中郎将几乎等于武官的最高级别，隶属于光禄勋，品秩为"比二千石"。汉武帝同时给张骞配备了许多的副使，使团增加到三百人，还携带了大量的牛羊和巨额财富，这一切人力物力均由张骞统辖调遣。

从整个使团的配置足见汉武帝对这次出使的重视，也能够窥见张骞对这次出使已经做了详细而稳妥的规划。张骞的名衔基本是武将的最高级别，而他携带的财物和人力，也算得上是顶配。这样的阵势，足以让贪爱财物的"蛮夷"心生敬意，首先从心理上对汉朝有了倾慕。另外，除了要联合乌孙之外，此次出使还是个"多线程"的任务。使团中的多名持节副使，将在到达乌孙后，在张骞的调遣下，代表汉朝出使到西域的其他国家，包括"大宛、康居、大月氏、大夏、安息、身毒、于阗、扜罙及诸旁国"（《史记·大宛列传》）。这样，便以点带面，将汉朝的影响力辐射到整个西域，既巩固了张骞第一次出使的成果，也加固了未来友好往来的基础。可以说，这是汉武帝在取得对匈奴战争的胜利后进行的一次对西域全方位的友好交往活动，是一次重大的外交盛事。

张骞顺利地到达了乌孙，但是他没有想到，乌孙的状况，比他预料的还要复杂。不过，经历了诸多历练的张骞，从踏入乌孙王国的第一步开始，便显示出了不卑不亢、有礼有节的外交家风采："骞既至乌孙，乌孙王昆莫见汉使如单于礼，骞大惭。"（《史记·大宛列传》）

细细解读这段张骞与乌孙王会面的细节，便可深刻地体会到"外交无小事"这至理名言。乌孙王与张骞会面，接待的规格是"如单于礼"。乌孙和匈奴偶有小战，但大体和平，并不称臣，因此是国与国之间的平级关系。可是，在汉朝看来，西域诸国都是臣子的身份，因此，乌孙王用对待单于的礼节来对待汉朝，是僭越、不礼貌的行为。目睹眼前的状况，张骞"大惭"，他非常不安，如果任由乌孙王轻慢，那么，这次外交从一开始便失败了。在这个关键时刻，张骞并没有翻脸，而是在电光石火之间想出了对策。他针对乌孙王贪爱财物的心理，巧妙地化解了这个外交危机："乃曰：'天子致赐，王不拜则还赐。'昆莫起拜赐，其他如故。"（《史记·大宛列传》）

张骞对乌孙王说："天子赠送礼物，如果国王不拜谢，就把礼物退回来。"这一句看似简单的语言，其中隐含着重重的曲折，令乌孙王不得不服膺。

张骞首先向乌孙王申明了"天子"的概念。

"天"是宇宙自然最高的主宰，天为父，地为母，皇天后土孕育了世间万物，因此世间万物均是天地之子。但能秉承上天旨意管辖人间的只有嫡长子，他不仅继承了最纯正的血统，而且也是经过上天挑选，在道德等多方面最具有优势的人选，他便是天子。除他之外，万民均是臣子。这一概念明确了汉朝的统治地位，汉朝的统治者才是天子，而其余人等均为臣民。

其次，张骞向乌孙王以明确礼节的方式，让乌孙王践行汉朝和乌孙王之间的君臣的关系。天子的礼物，不是平级之间的赠送，而是上对下的恩惠，因此在接受这种恩惠时，需要行"拜礼"。"拜，服也。"（《礼记·郊特性》）拜礼，两手合于胸前，头低到手，表示敬意和服膺。

最后，张骞又阐明了如果乌孙王不肯行礼的后果——收回礼物。虽然没有明说，但收回礼物也意味着友好关系的破裂。这句轻描淡写的话语，实则重达千斤，既巧妙地施加了压力，又保存了双方的颜面。因此，乌孙王起身拜谢，接受了礼物，但"其他如故"。也就是说，乌孙王并未完全表示臣服。在每一个应对之中，都有考量、妥协、计算和对抗，简单的几句话将我们带到了乌孙王的朝廷之中，那种充满了机锋的应对和彼此关系的张力，令人几乎窒息。

看到乌孙王"其他如故"，张骞再次以上国使者的身份和态度，向乌孙王阐明了此次出使的目的地。"骞谕使指曰：'乌孙能东居浑邪地，则汉遣翁主为昆莫夫人。'"（《史记·大宛列传》）

如果乌孙能够东迁到浑邪王的故地，那么，汉朝会将一位公主嫁给昆莫。换句话说，汉朝此次是给乌孙一个机会成为汉朝的友邦，这个条件是，如果乌孙能够东迁，那么乌孙则有机会与汉朝联姻，成为汉朝的女婿。也就是说，加入汉朝的血脉中，被汉朝接纳为家人。

不过，此时的乌孙王难以立刻答应张骞，因为他已经难以驾驭自己的朝局。这其中的原因，还要从猎骄靡的儿子们谈起。

猎骄靡有十几个儿子。他立蚤为太子，并封太子的儿子军须靡为岑陬。岑陬是乌孙的官职名称，清朝嘉庆年间的地理学家徐松曾经考证过这个官职，认为这个官职地位尊崇，并不经常设立。由此可见猎骄靡对其孙军须靡的喜爱。太子蚤很早便去世了，在去世之前，他曾哀求猎骄靡：

必以岑陬为太子，无令他人代之。（《史记·大宛列传》）

蚤所担忧的"他人"正是他的弟弟，当时在朝中担任大禄。在乌孙的朝官中，第一品阶是相，其次就是大禄，可见这位王子是朝中的实权派。他非常强悍，善于带兵，统领一万多骑兵居住在别处。无论是猎骄靡还是蚤都明白，大禄是最有力的王位竞争者。也正是担心军须靡的未来，怕大禄杀害军须靡，蚤才在离世之前托孤给父亲，让猎骄靡将军须靡扶上昆莫王位。出于深切的父子之爱，猎骄靡答应了蚤。可是，猎骄靡也明白自己根本无法控制年富力强的大禄，因此，他又派一万多骑兵保护军须靡另行居住。这样一来，昆莫只剩下一万余骑兵，也就是说，整个乌孙国的力量均分为三份，成了三足鼎立之势。

猎骄靡年事已高，面对国内的分裂尚且力不从心，更别说要答应张骞与汉朝结盟共御匈奴了，因此他不敢独自承诺任何事。而且乌孙朝内对汉朝也存有不小的疑虑。汉朝与乌孙相隔那么远，谁也没去过汉朝，更不知道汉朝是否像传说中那样地大物博，实力强大；他们看到的只有近在咫尺的匈奴。如果因为远在天边的汉朝得罪了匈奴，那么他们的好日子就结束了。乌孙的部分臣民不愿意搬迁，因此也不愿意答应张骞。

张骞的第二次出使，陷入了胶着状态。

第十五章
长安城里的西域热

　　作为久经砥砺的"外交家"，张骞明白，任何外交事务不可能一蹴而就，都需要周密斡旋。在乌孙朝廷内外情况不明的状态下，张骞决定采取分头行动的策略。他一方面派遣随行的副使，让他们分别前往大宛、康居、大月氏、大夏、安息、身毒、于阗和其他的西域小国，将整个出使任务拆分成多个小项同时进行；另一方面他选择留在乌孙国内，继续游说。

　　张骞选择留在乌孙，可能还是察觉到了游说成功的可能性。表面上看，乌孙国内上下都对与汉朝联手一事显得犹豫，但正是这种犹豫，让张骞看到了希望。乌孙国王并不像月氏国一样态度坚决，而是"不敢专约于骞"，他的"不敢"并非不愿，而是迫于国内的三足鼎立的政治状况、缺失话语权难以独自决定。换句话说，乌孙王心头最为挂怀的问题并非匈奴，而是国内政治的不稳定。找到了乌孙国王的真实需求，便有了游说的方向。乌孙王最担心的是大禄将来杀害孙子军须靡谋取王位。如果乌孙王能够得到汉朝的认可和支持，就可以为将来军须靡的继位赢得很大的保障，不仅能够使得大禄不敢轻举妄动，而且加强了乌孙王在国内的话语权。如果张骞为乌孙王分析其中的利害关系，那么乌孙王与汉朝保持友好关系的动力就会大大增强。果然，张骞的游说产生了效果：

> 乌孙发导译送骞还，使数十人，马数十匹，随骞报谢，因令窥汉大小。是岁，骞还，到，拜为大行。（《资治通鉴·汉纪十二》）

公元前 115 年，乌孙国国王派遣了向导和使者随行，送张骞回汉朝。这个举动，本身就是友好的表示，两国互赠礼物，更是确立友好关系的信号，这应该是张骞不懈游说的结果。这些使者跟随张骞，穿过由汉朝管辖的河西走廊地区，去往壮丽的长安城。无论张骞如何描述形容，都不如使者眼见为实。他们将所见所闻如实地报告给乌孙国王，在乌孙国东方的这个伟大国度，足以成为他们最可仰赖的君主国。因此，"其国乃益重汉"。因为乌孙王不肯回到河西走廊，汉朝便在浑邪王故地设置了酒泉郡，移民屯垦，使得该地区得到开发，后来又设置了武威郡。这样一来，匈奴和羌人无法联通，河西走廊的安全问题基本得到了解决。

乌孙与汉朝的友好往来，让匈奴忌惮而愤怒，他们企图攻击乌孙，在这种情况下，乌孙国王猎骄靡终于下定决心，与汉朝通婚。公元前105年，乌孙正式向汉朝求婚："使使献马，愿得尚汉女翁主，为昆弟。"天子问群臣议计，皆曰："必先纳聘，然后乃遣女。"

乌孙以一千匹马作为聘礼，娶回了细君公主。刘细君是宗室之女，她的玄祖是汉文帝刘恒，曾祖是汉景帝刘启，祖父是汉武帝刘彻的哥哥江都王刘非，父亲是承袭江都王的刘建。汉武帝为结好乌孙，封刘细君为江都公主，下嫁乌孙国王猎骄靡。因此，刘细君是出塞的第一位"和亲公主"。据《汉书·西域传下》记载，刘细君出嫁时，汉武帝"赐乘舆服御物，为备官属侍御数百人，赠送其盛"。

细君公主肤色雪白，慷慨善良，乌孙的臣民都十分热爱她，将她称为"柯木孜公主"，意思是说她的皮肤像马奶酒一样雪白。不过从《汉诗》中收录的细君公主的《悲愁歌》来看，细君公主的婚姻并不美满：语言不通，习俗大异，远离母国，夫君又是年纪大她很多的老国王，这一切都让这个女孩日夜思念家乡：

> 吾家嫁我兮天一方，
> 远托异国兮乌孙王。
> 穹庐为室兮旃为墙，
> 以肉为食兮酪为浆。
> 居常思土兮心内伤，
> 愿为黄鹄兮归故乡。

不过，细君公主与乌孙的通婚，的确使得汉朝的国家安全得到了保障，这也是张骞出使乌孙之行取得成功的标志。不仅如此，张骞派出出使西域其他国家的副使们也都完成了任务："后岁余，骞所遣使通大夏之属者，皆颇与其人俱来，于是西域始通于汉矣。"（《资治通鉴·汉纪十二》）

在张骞从乌孙回到汉朝的几年之中，他派遣

的副使在西域各国的使者的陪同下陆续归来。汉朝的威名由此远播到西域腹地，西域各国与汉朝的友好交往拉开了序幕。

为了表彰张骞，汉武帝在公元前 115 年拜张骞为"大行"。大行，即大行令，这个官职从秦朝开始，掌管少数民族事务，汉朝时沿用；到汉景帝改为大行令，位列九卿，相当于现在的外交部部长。在张骞开创了西域外交的事业后，"其后使往者皆称博望侯，以为质于外国，外国由此信之。"（《史记·大宛列传》）。他曾经的博望侯的封号成为汉朝使者的代名词，只要提及博望侯，便能取得外国的信任，由此可见，张骞当时在西域的盛名。在此之前，西域与汉朝的交往是零星、断续、小规模的民间交流，从这一时期开始，变成大规模、持续、官民结合的交流，一条商路，从此开始了正式的建设。斯文·赫定在《丝绸之路》中这样形容："一条与西域各国相连的交通大动脉形成了。"经由这条商路，亚欧大陆的政治、经济和文化的交流和发展都开始了新的篇章。

此时，张骞已经 50 岁，他似乎终于完成了自己的抱负。而随着西域和汉朝不断的交往，在整个汉地，也掀起了一股西域热。在《汉书·西域传》中记载了当时风靡汉朝宫廷的异域风情：

> 遭值文、景玄默，养民五世，天下殷富，财力有余，士马强盛。故能睹犀布、玳瑁则建珠崖七部，感枸酱、竹杖则开牂柯、越巂，闻天马、蒲陶则通大宛、安息。自是之后，明珠、文甲、通犀、翠羽之珍盈于后宫，蒲梢、龙文、鱼目、汗血之马充于黄门，钜象、狮子、猛犬、大雀之群食于外圃。殊方异物，四面而至。于是广开上林，穿昆明池，营千门万户之宫，立神明通天之台，兴造甲乙之帐，落以随珠和璧，天子负黼依，袭翠被，冯玉几，而处其中。设酒池肉林以飨四夷之客，作巴俞都卢、海中砀极、漫衍鱼龙、角抵之戏以观视之。及赂遗赠送，万里相奉，师旅之费，不可胜计。

在这段文采斐然的记述中，我们看到了来自于"四夷"的奇珍异宝：海中明珠、玳瑁、犀牛角、孔雀的羽毛充盈于后宫；各地供奉的不同种类的骏马专供天子使用；大象、狮子等这些从未出现在中原的异兽也成为皇家园林中的观赏动物。成书于南北朝之前但作者不详的《三辅黄图》也曾侧面印证，这足以证明这不是辞章的浮夸，而是当时汉朝宫廷贵族真实的生活写照。《三辅黄图》专门记载了秦汉都城的建设，尤其对长安城有极为详细的记录。所谓"三辅"是指长安京畿地区所设立的三个郡级政区，即京兆尹、左冯翊、右扶风。《三辅黄图》还记载了汉武帝在清凉殿内所享用的"负黼依，袭翠被，冯玉几"的奢华生活：

> （清凉殿）在未央宫中，夏居之清凉，亦日延清室。汉书清室则中夏含霜即此也。董偃常卧延清之室，以画石为床，以紫玉为盘，如屈龙皆用杂实饰之。……又以水晶为盘，贮冰于膝前，玉晶与冰同洁，侍者谓冰无盘必融湿席，乃拂，玉盘坠，冰玉俱碎。玉晶，千涂国所贡也，武帝赐偃惜哉。

汉武帝不仅享用冰玉同洁的清凉之夏，若到了寒冬，他则去未央宫旁的温室。在温室中，有来自罽宾国的氍毹（qú shū）也就是地毯来抵御寒冷：

> 温室以椒涂壁，被之文绣，香桂为柱，

设火齐屏风、鸿羽帐，规地以罽宾氍毹。
（《三辅黄图》）

他还在桂宫内以七宝为床，以杂宝为案，因此，桂宫又被称为四宝宫。而他对一袭西域所献的"吉光裘"极为珍爱，据说这件大氅"入水不濡"，所以汉武帝在听朝的时候经常穿着它。汉武帝甚至专门辟出奇华殿，用来存储西域的各种宝物。

奇华殿，在建章宫旁。四海夷狄，器服珍宝，火浣布、切玉刀、巨象、大雀、狮子、宫马，充塞其中。（《三辅黄图》）

奇华殿位于建章宫中。在柏梁台被焚毁之后，汉武帝便在上林苑中重新建造了建章宫。这座皇家宫殿号称"千门万户"，与未央宫之间用飞阁相连通，南面的宫门高二十五丈，被称为"阊阖"，也就是天门的意思。这里有著名的太液池，有用玉石做阶陛的玉堂殿，有以鎏金凤凰观测风速的凤阙，还有祭祀仙人的神明台。最出名的便是奇华殿，专门用以陈列外国使者献给汉天子的礼品。日本学者长泽和俊整理了在各种史料上所记载的从西域传入汉朝的各种新鲜事物：

143

《史记·大宛列传》记载：于阗玉石、大宛稻麦、葡萄、狮子、犀牛，条枝稻；《汉书·西域传》记载：鄯善产玉、葭苇、柽柳，楼兰产胡桐、白草；《后汉书·西域传》记载：蒲类产牛、马、骆驼、羊畜、好马；大竺产象、犀牛、玳瑁、金银铜铁铅锡、细布、诸多香料、石蜜、胡椒、姜、黑盐……

值得一提的是，在上林苑中，还有一座扶荔宫，兴建于元鼎六年，这是一座皇家植物园，专门用来储存奇花异草，包括"菖蒲、百本、山姜、十本甘蕉、十二本留求子、十本桂、百本密香、指甲花、百本龙眼、荔枝、槟榔、橄榄、千岁子、甘橘"（《类编长安志》卷二）。

这个植物园的存在，是当时在亚洲的物种交流的证明。在张骞开辟的这条通商道路中，无数的物品和物种渐渐传入中原。《本草纲目》中明确指出，张骞从西域带回的植物品种共有十种，包括红花、蓝花、胡麻、蚕豆、葫、胡荽、苜蓿、胡瓜、安石榴、胡桃，在这些植物之中，最具传奇性的就是葡萄。"葡萄，《汉书》作蒲桃，可以造酒，人饮之，则陶然而醉，故有是名。其圆者名草龙珠，长者名马乳葡萄，白者名水晶葡萄，黑者名紫葡萄。《汉书》言：'张骞使西域还，始得此种。'而《神农本草》已有葡萄，则汉前陇西旧有，但未入关耳。"（《本草纲目》卷33果部之五）

葡萄之所以珍贵，在于它可以酿酒。当时，张骞在大宛看到葡萄酒，因为酿造技术的门槛，葡萄酒对于汉地来说，非常珍贵。在灵帝时期，扶风的富人孟佗用一斗葡萄酒贿赂宦官张让，张让立刻给他凉州刺史的职位。《后汉书·宦者列传》记载的故事足以证明葡萄酒的价值，也让苏轼吟诵出"将军百战竟不侯，伯良一斛得凉州"的千古名句。即便在葡萄酒的故乡，由于葡萄酒"数十岁不败"（《史记·大宛列传》），可贮藏，可交换，因此也成为衡量财富的标准，"富人藏酒至万余石"（《史记·大宛列传》）。

在漫长的历史中，葡萄酒一直是皇亲贵胄才能享用的珍品。贞观十四年（640年），唐太宗平定高昌，西域葡萄酒的酿造技法才传入中原，这种饮料迅速风靡京师，甚至唐太宗还亲自酿酒。

> 上（唐太宗）自损益造酒。酒成，凡有八色，芳香酷烈，味兼醍盎。既颁赐群臣，京师始识其味。（《太平御览》）

唐代诗人王翰的《凉州词》更是家喻户晓的对葡萄酒的赞美诗篇：

> 葡萄美酒夜光杯，
> 欲饮琵琶马上催。
> 醉卧沙场君莫笑，
> 古来征战几人回。

两地物种、技术、文化的交流伴随着道路的畅通越来越迅速。在所有传入的物种中，最让汉朝君臣疯魔的是西域的汗血马。这种对马的执着，引发了后来的几场战争。

第十六章
神马当从西北来

　　对中国人来说，马是具有灵性的动物。在北周诗人庾信的《春赋》中就说"马是天池龙种"，它是神奇物种在人间的演化，因此所有的君王和传奇英雄身边，几乎都有"神驹"的存在。周穆王有八骏：一名绝地，足不践土；二名翻羽，行越飞禽；三名奔宵，夜行万里；四名越影，逐日而行；五名逾辉，毛色炳耀；六名超光，一形十影；七名腾雾，乘云而奔；八名挟翼，身有肉翅。千古一帝——秦始皇也有七匹名马：一曰追风，二曰白兔，三曰蹑景，四曰追电，五曰飞翩，六曰铜爵，七曰晨凫（《古今注》）。可以说，马为男性英雄增加了神秘的力量感，似乎与一匹神马相伴，便是上天所选诸神庇佑的标志。

　　商周时期，军队的主要军种有战车和步兵。

自战国时代赵武灵王"胡服骑射"之后，骑兵逐渐成为主要的军种。秦灭六国、秦末农民战争、楚汉之争中，骑兵都发挥了重要作用。西汉建立之初，由于长期战乱，导致经济凋敝，皇帝所乘舆车，想找纯色毛的马驾车都难。王侯将相上朝时，只能乘牛车。国力不强，良马缺乏，马甚至成了左右成功的关键因素，使得西汉在与匈奴初期的战争中一直处于下风。因此，寻求良马，改善军队作战系统，是自刘邦以来历代汉朝皇帝梦寐以求的目标。特别是攻打匈奴期间，汉朝对马的倚重无以复加。为求良马，汉武帝还专门占卜，得到了一卦——"神马当从西北来"（《史记·大宛列传》）。在漠北决战后，14万匹战马损失大半，仅剩3万匹，这个时候，马是汉武帝最为系念的心病之一。几次作战，西域的好马与骁勇的骑兵，给汉朝君臣留下了难以磨灭的印象，这个卦辞也印证了他们掌握的信息。在张骞首次出使回来时曾经向汉武帝汇报，在汉朝正西万里远的地方，有一个国家叫大宛，传说，大宛有一种难以驯服的野马，为了能够得到这种野马的基因，大宛人找了一些母马放入高山，让高山上的野马与之交配，产下了一种宝驹。这种马体型好、速度快、耐力强，在奔驰中肩部会渗透出像鲜血一样的汗水，因此被称之为汗血宝马，特别适合于长途行军，是传说天马之种。卦象加上张骞的报告，让汗血宝马产生了巨大的诱惑力。

张骞第二次出使，从乌孙归来后，乌孙国王曾经带了数十匹好马答谢汉武帝。两国和亲之后，乌孙王又用千匹良驹作为聘礼，汉朝收获了第一批域外的良马。汉武帝十分惊喜，将之命名为"天马"。为了更好地培育优秀战马，汉朝使者特地将苜蓿草的种子带回汉朝，从此紫色的苜蓿花开遍了汉朝的离宫别苑："及天马多，外国使来众，则离宫别观旁尽种蒲陶，苜蓿极望。"（《史记·大宛列传》）

元鼎四年（公元前113年），汉武帝下诏在中央设苑马寺总理马政，在河西走廊大马营草原（今张掖山丹军马场）设牧师苑。以当地蒙古马种为基础，又引进各种西域良马，希望能够培育出独一无二的品种。那时的西域各地皆有名马，如巴里坤马是传说中神马的后代，名"胭脂马"；传说焉耆马是龙的后裔，有"龙驹"之称。这些不同的品种杂交培育出的山丹马，驰名天下，这里遂成为历代皇家军马养殖基地，经久不衰。山丹马体形匀称，粗壮结实，雄健剽悍，耐粗饲，适应性良好，速度和持久力俱优，是驮、乘用的良骥。但汉武帝还是对张骞曾经提到的汗血宝马念念不忘，最初，大家都以为汗血宝马只是传说，但是随着西域和汉朝往来加深，不断有人印证这不是传说，而是事实：

> 而汉使者往既多，其少从率多进熟于天子，言曰：'宛有善马在贰师城，匿不肯与汉使。'天子既好宛马，闻之甘心，使壮士车令等持千金及金马以请宛王贰师城善马。（《史记·大宛列传》）

根据使者们带回的消息，大宛的确有一种汗血宝马，这种马极其珍贵，被视为珍宝，因此被藏匿在大宛贰师城，不肯献给汉朝。汉武帝"闻之甘心"，这个消息，让汉武帝心头甜甜的，他当然明白，这种好马是国之重器，岂能轻易得到？他派遣壮士、车令，备好重金，甚至专门用黄金铸就了一匹战马前往大宛，希望大宛国王能够与汉朝交换深藏在贰师城的汗血宝马。车令，即车府令，负责皇帝御用的车辆，属于太仆。太仆在秦汉时期专门负责官方的畜牧事务。在西汉时期，太仆在陇西、天水、安定、北地、上郡、西河六郡设牧师官，养马30万匹。车府令的职位非常重要，由于负责皇帝的御驾，非天子心腹不可。汉武帝派自己的心腹前往大宛求马，足见其重视程度。可是当汉朝使者到达大宛时，大宛国王毋寡却表现得十分吝啬：

> 宛国饶汉物，相与谋曰：'汉去我远，而盐水中数败，出其北有胡寇，出其南乏水草。又且往往而绝邑，乏食者多。汉使数百人为辈来，而常乏食，死者过半，是安能致大军乎？无奈我何。且贰师马，宛宝马也。'遂不肯予汉使。汉使怒，妄言，椎金马而去。宛贵人怒曰：'汉使至轻我！'遣汉使去，令其东边郁成遮攻杀汉使，取其财物。于是天子大怒。（《史记·大宛列传》）

在张骞初次到达大宛的时候，毋寡急于与汉朝建立友好关系，表现较为友好。张骞第二次出使乌孙，也曾派副使前往大宛，对毋寡曾经协助张骞前往大夏和月氏表示感谢。但是，这一次汉武帝想要的汗血宝马，是大宛的国宝，大宛王毋寡犹豫了。他召集大臣们商议，评估如果拒绝汉朝会有什么样的严重后果。他们认为，汉朝距大宛十分遥远，沿途有高山、大河、沙漠阻挡，道路艰险难行，汉使常有一半死于途中，所以汉军无法到达此地。换言之，他们认为汉朝不会发兵攻打大宛，因此，便拒绝了汉武帝的要求。

大宛的拒绝，让车令非常愤怒，他斥责大宛王，甚至砸毁金马，并立刻离开大宛。这样的场面，即便仅仅是想象，也能猜出当时冲突的激烈程度。在汉使离开后，大宛君臣愤愤不平。一方面，汉使斥责国王、砸毁金马，是一种莫大挑衅和轻视；另一方面，如果放汉使回去，听任汉使将状况汇报汉天子，必然会引来战争。于是，大宛人恶向胆边生，他们竟然命令大宛东边的郁成王劫杀汉使，抢夺财物。这是在汉朝和西域交往过程中极为罕见的恶性事件，即便与汉朝交战的匈奴，都未曾杀害使者，何况汉朝是以礼相待，重金求马，却换来了使者被杀。"天子大怒"，一场由汗血宝马引起的、持续了四年的战争就此开始。

公元前104年，汉武帝拜李广利为贰师将军，讨伐大宛。

李广利一家的发达史，说来还与张骞有间接

的关系。张骞从西域归来时，曾经带回一首西域名曲《摩诃兜勒》。

> 博望侯张骞入西域，传其法于西京，唯得《摩诃兜勒》一曲。李延年因胡曲更进新声二十八解，乘舆以为武乐。（《古今注·音乐》）

根据日本学者考证，《摩诃兜勒》是梵文 mahaturya，本意指一种很大的喇叭形乐器，这大概是指演奏这首胡曲的特殊乐器——胡角。

"胡角者，本以应胡笳之声，后渐用之横吹，有双角，即胡乐也。"（《册府元龟》）胡角也好，横吹也罢，其实就是横笛或者短箫。在《摩诃兜勒》经张骞带到长安之后，汉朝的音乐家李延年将这首曲子改造为横吹"新声二十八解"，也就是专门歌颂皇帝武功的乐舞。李延年出生在一个"演艺世家"，他年轻时因为犯法受腐刑，在宫中负责养狗，因擅长音律，所以得到了汉武帝的赏识。有一次，他为汉武帝献唱《佳人曲》：

> 北方有佳人，
> 绝世而独立。
> 一顾倾人城，
> 再顾倾人国。

　　　　宁不知倾城与倾国，

　　　　佳人难再得。

　　汉武帝十分好奇这首歌中的绝世佳人到底是谁，能让人一见便立刻倾心？歌中的佳人便是李延年的妹妹，后来被封为李夫人。汉武帝十分喜爱李夫人，李夫人产后去世，汉武帝竟追封她为汉武皇后，甚至在她死后还做了一首《落叶哀蝉曲》；在一千多年以后，美国诗人庞德改写了这首哀婉的悼亡诗。

落叶哀蝉曲

　　　　罗袂兮无声，玉墀兮尘生。

　　　　虚房冷而寂寞，落叶依于重扃。

　　　　望彼美之女兮，安得感余心之未宁？

Liu Ch'e

Ezra Pound

The rustling of the silk is discontinued，

Dust drifts over the court－yard，

There is no sound of foot-fall，and the leaves

Scurry into heaps and lie still，

And she the rejoicer of the heart is beneath them：

A wet leaf that clings to the threshold.

这次出征大宛的，正是李夫人和李延年的弟弟李广利。汉武帝此前也曾重用外戚，如卫青、霍去病，但两人功勋卓著，实至名归。可后世对同为外戚的李广利评价不高，颇有微词。一方面是因为李广利战功平庸，另一方面是因为李广利最终投降匈奴，导致全族被灭。

李广利第一次出师大宛便铩羽而归。公元前104年，李广利率军出征，一路所经西域各国不愿向汉军提供粮食和饮水，并且闭城抗拒汉军。李广利下令逐个攻打，汉军一路消耗过大，到达大宛东境郁成城时，仅剩数千人，且个个饥饿疲惫。郁成城守军顽强抵抗，汉军攻城不克，伤亡惨重。李广利下令撤军，回到敦煌，汉军生还者不过十分之一二。李广利上书请求罢兵。汉武帝大怒，下令退入玉门关者立斩。李广利恐惧，只好屯兵敦煌。

第一次征讨大宛的失败，让汉朝颜面无光。汉武帝认为，大军已发，却不能降伏大宛小国，有损汉朝在西域的声望，西域诸国将轻视汉朝，不利于汉对西域的统治，因此坚持要征服大宛。这一次，汉武帝剑走偏锋。他将竭力反对出兵大宛的邓光等人下狱问罪，又调集恶少年及边骑 6

万人，加上大量自愿从军者出征大宛。

所谓恶少年，就是"无赖子弟"也。所谓无赖，就是无所仰赖，没有固定资产，处于社会下层、从事卑贱职业或无正当的职业、游手好闲的城乡青少年。他们人多是"闾巷之侠""布衣游侠"，连交合众，横行于大街小巷。有时他们也有行侠仗义、打抱不平、重义轻死的游侠行为。汉武帝在这次征伐大宛的战争中，启用了他们。

鉴于第一次征伐大宛失败的教训，汉武帝集中精力解决了后勤的问题。他征集牛 10 万头，马 3 万匹，驴、骆驼数以万计，用来驮运军粮及兵器等；受命参与这次军事行动的有五十余位校尉。汉武帝又下令征集了大批水工，用来切断大宛水源。同时增派甲兵 18 万，驻扎于酒泉、张掖以北，并设置居延、休屠两县以护卫酒泉。汉武帝又征调全国七种犯罪之人，负责给李广利部队运送军粮；还拜两位颇知马者为执驱校尉，以待攻破大宛后挑选良马。

公元前 102 年，汉武帝命李广利再度远征大宛。沿途西域小国不敢抵抗，纷纷开城出迎，供给粮食和饮水。只有轮台（今新疆轮台县）抗拒汉军，闭城紧守。汉军数日后破城，屠轮台。为了便于沿途获得足够的粮食和饮水，汉军分作数队西进，李广利率主力3万人先抵大宛。大宛出兵迎敌，被汉军击败，宛军退守郁成城。李广利绕过该城，直袭大宛都城贵山城，首先断其水源，然后将城团团包围，日夜攻打，连攻四十余日，破其外城，俘虏大宛勇将煎靡。

大宛贵族多怨大宛王毋寡匿宝马、杀汉使，于是杀死毋寡，遣使持毋寡首级赴汉营求和，表示愿将良马驱出供汉军挑选；如果不许和，则杀尽良马，与汉军血战到底。此时，康居已派兵来救大宛。李广利答应大宛的要求，停止进攻内城。大宛也赶出所有马匹，任汉军随意选取，并供给汉军大量粮食。汉军取其宝马数十匹，中等以下马三千余匹，又立眜蔡为大宛王，与他盟誓后，撤兵东归，从此大宛服属西汉。

汉武帝得知捷报后大喜，封李广利为海西侯；他最高兴的是，"宛乃出其善马，令汉自择之，而多出食给汉军。汉军取其善马数十匹，中马以下牡牝三千余匹""引归"。看着比乌孙马更强壮剽悍的大宛马，汉武帝更名乌孙马为"西极"，名大宛马曰"天马"，并做了两首颂歌：

西极天马歌

天马徕兮从西极，

经万里兮归有德。

承灵威兮降外国，

涉流沙兮四夷服。

天马歌

太一贡兮天马下，

沾赤汗兮沫流赭。

骋容与兮跇万里，

今安匹兮龙为友。

　　1969 年 9 月，地处河西走廊的甘肃省武威县农民在挖战备地道时，挖到一处名为"雷台"的东汉时期的古墓葬遗址，无意中发现了一件青铜工艺品，这就是后来轰动世界的中国古代艺术珍品——马踏飞燕。

　　这件马踏飞燕的造型非常奇特，三足腾空，一足踏着飞燕，马呈现出喷鼻、翘尾、举足腾空而飞的形象；而飞燕则呈现出鹰眼圆睁、展翅回首的形象，其动作含义就是"飞"。此后，马踏飞燕的艺术形象不仅多次被中国邮政选作邮票图案，而且还被国家旅游局确定为中国旅游标志。今天，被国家旅游局命名的旅游城市，都有这样一座矗立在市区的巨型马踏飞燕雕像。这尊马踏飞燕，就是传说神马身影的浓缩。

在择马的过程中，汉朝向大宛学习了很多养马、驯马的技艺，而汉朝军队的战斗力也从此大大增强，在西域彻底建立起威望。西域诸国纷纷遣子弟入汉朝贡，并作为人质，西域各国与汉朝交往日益增多。汉朝实现了对西域的管辖，自敦煌以西至盐泽，沿途修筑烽燧亭障，并在轮台、渠犁一带实行军事屯田，置使者校尉管理，为去西域的汉使提供住宿、粮食、饮水。在西域都护正式设立之前，使者校尉实际上成了代表西汉朝廷领护西域各国的官员。至此，由张骞开创的西域事业初具雏形。但他并没有亲眼看见这一切，此时，他已经去世十年。

第十七章
生命最后的伟业——削藩常山

　　武帝元鼎三年（公元前 114 年），大行令张骞在长安去世，归葬汉中故里。那一年他 50 岁，对于人均寿命只有 20 岁的汉朝来说，这算一个长寿的年纪；但对于漫长的历史来说，这只是短短的一瞬。和他的出生一样，他的死也没有留下太多的痕迹，在《史记·大宛列传》中仅有三个字："岁余，卒。"

　　张骞于公元前 115 年回到汉朝，一年之后去世。在今天，我们对他凿空西域的丰功伟业耳熟能详、家喻户晓，但若仔细翻阅史料，就会发现，在他生命的最后一年，他还帮助汉武帝铸就了另一件伟大的事业。

　　公元前 114 年，常山国宪王刘舜病故，常山国诸王子不和睦，引起内讧。在《资治通鉴》中记载了宪王被汉武帝削藩的事件：

> 常山宪王舜薨，子勃嗣，坐宪王病不侍疾，及居丧无礼废，徙房陵。后月余，天子更封宪王子平为真定王，以常山为郡……

不过，这仅仅是事情的起因和结果，在《史记·五宗世家》和《汉书·景十三王传》中，详细记载了事情的来龙去脉，在其中大行张骞的身影一闪而过。

> 初，宪王舜有所不爱姬生长男棁。棁以母无宠故，亦不得幸於王。王后修生太子勃。王内多，所幸姬生子平、子商，王后希得幸。及宪王病甚，诸幸姬常侍病，故王后亦以妒媚不常侍病，辄归舍。医进药，太子勃不自尝药，又不宿留侍病。及王薨，王后、太子乃至。宪王雅不以长子棁为人数，及薨，又不分与财物。郎或说太子、王后，令诸子与长子棁共分财物，太子、王后不听。太子代立，又不收恤棁。棁怨王后、太子。汉使者视宪王丧，棁自言宪王病时，王后、太子不侍，及薨，六日出舍，太子勃私奸，饮酒、博戏、击筑，与女子载驰，环城过市，入牢视囚。天子遣大行

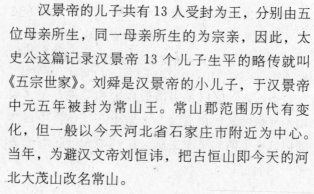

骞验王后及问王勃……（《史记·五宗世家》）

汉景帝的儿子共有 13 人受封为王，分别由五位母亲所生，同一母亲所生的为宗亲，因此，太史公这篇记录汉景帝 13 个儿子生平的略传就叫《五宗世家》。刘舜是汉景帝的小儿子，于汉景帝中元五年被封为常山王。常山郡范围历代有变化，但一般以今天河北省石家庄市附近为中心。当年，为避汉文帝刘恒讳，把古恒山即今天的河北大茂山改名常山。

公元前 206 年，项羽立张耳为常山王。公元前 203 年，刘邦改立张耳为赵王。公元前 188 年，汉惠帝封三子刘不疑为常山王，公元前 180 年，国改为郡。公元前 145 年，汉景帝封皇子刘舜为常山王，从前的郡又恢复为国。但是，刘舜愧对了这份宠爱，仰仗自己是少子，因而骄怠多淫，私设监狱，欺压百姓，私铸礼器，多次犯法，但汉景帝并没有严厉追究他。不过，上行下效，他这种恶劣的作风，终于在他死后引发了一场内讧。

刘舜长子叫刘棁，二儿子刘勃是王后修所生，被立为太子，可是刘舜更喜欢的是宠姬所生的儿子刘平、刘商。刘平、刘商十分孝顺，在刘舜病重期间终日侍奉，王后和刘勃却置之不理。不仅如此，刘勃还继承了父亲的风流秉性，在父王重病时仍吃喝玩乐，风评极差。刘舜去世后，刘勃继承了王位，更加无所顾忌，甚至不顾劝阻侵吞刘棁的财产。刘勃没有想到，汉武帝得知弟弟刘舜病逝后，派使者参加丧礼，在丧礼后，刘棁将刘舜种种按律当诛的罪行向使者揭发，使者回朝后，如数禀报汉武帝。汉武帝就派大行张骞到常山调查核实情况。

按道理来说，在汉朝，皇帝亲族、外戚勋贵犯法，必须依照八议制度处理。

"八议"来自于《周礼》，是指八类权贵人物犯罪以后，"大罪必议，小罪必赦"，享受特殊优待，司法机关不得擅自处理。"八议"即一议亲，二议故，三议贤，四议能，五议功，六议贵，七议勤，八议宾。"亲"指皇室一定范围的亲属；"故"指皇帝的某些故旧；"贤"指朝廷认为"有大德行"的贤人君子；"能"指"有大才业"，能整军旅、莅政事，为帝王之辅佐、人伦之师范者；"功"指"有大功勋"者；"贵"指职事官三品以上、散官二品以上及爵一品者；"勤"指"有大勤劳"者；"宾"指"承先代之后为国宾者"。这八种人犯了死罪，官府不能直接定罪判刑，而要将他的犯罪情况和特殊身份报到朝廷，由负责的官员集体审议，提出意见，报请皇帝裁决。除非他们犯了十恶罪，则不适用上述规定。这十类罪行是谋反、谋人逆、谋叛、恶逆、不道、大不敬、不孝、不睦、不义和内乱。

常山王刘勃犯罪，应该由管理皇亲事务的宗正寺负责处理，可是这一次，汉武帝没有派宗正寺出面，而是派刚刚从乌孙出使归来的张骞处置此事，这与困扰汉朝统治者多年的分封制度有极大关系。

汉朝承袭了秦朝"郡县制"，在推行"郡县制"的同时又推行封国制。封国包括王国和侯国，又称"郡国制"。刘邦称帝之后，分封了韩信等七个功臣战将为异姓诸侯王，史称异姓王。立国以后，刘邦便开始铲除异姓诸侯王，还与群臣订立了"白马之盟"："非刘氏而王，无功而侯者，天下共击之！"（《史记·汉兴以来诸侯王年表序》）刘邦分封同姓子弟九王，史称同姓王。汉朝在分封的同时，又施行郡县制，使郡国杂处，互相牵制。这个政治格局在很长的时间里，成为汉朝内乱的根源之一。封国实行世袭制，由嫡长子继承封国的地盘。由于代代相传，封国割据一方，拥有行政权、司法权，能随意任命官吏，说是独立王国也不为过。这样一来，中央的力量越来越薄弱，到汉文帝时期，朝廷仅直接控制着 15 个郡。到汉景帝时期，吴王刘濞控制 3 郡53 城，楚王刘戊仅次于他，还跋扈专横，甚至在薄太后去世服丧期间还饮酒作乐。为了惩戒同姓王，汉景帝在御史大夫晁错建议下，先削楚王一郡，又削吴王的二郡，中央和地方的矛盾迅速激化。吴楚二王联合胶西王刘印、赵王刘遂、济南王刘辟光、淄川王刘贤、胶东王刘雄渠，以所谓"清君侧"诛晁错为名，起兵叛乱。这就是西汉历史上著名的"七国之乱"。

　　七国之乱虽已平定，但诸侯的势力依然强大。汉武帝最大的难题便是和平削藩。但汉武帝的策略，要比汉景帝智慧得多。元朔二年（公元前 127 年）春，武帝颁"推恩令"，让王国可以分封子弟为列侯随后又颁布了左官律，限制臣民擅自出仕诸侯，进而削弱诸侯党羽，将诸侯国官吏的任免权通过阿党法收归中央；随即颁布附益法，控制朝廷大臣交结诸侯，收受贿赂；同时，出台私出界罪，规定诸侯国王不经中央同意不得

生命最后的伟业——削藩泰山

第十七章

擅自离开封地，违者降为侯爵，防止诸侯串通勾连。这一连串的组合拳，在不知不觉、未动一刀一枪之中，达到了削藩的目的。

但是，在诸侯之中，只有常山王一直未封子弟为列侯。也就是说，他仍然保持着自己的强人实力。而常山郡处战略要地，控太行之险，绝河北之要，西顾则太原动摇，北出则范阳震慑。一旦有变，或与塞外匈奴勾结，后果不堪设想。不过，如果能抓住这个机会，推行削藩国策，也是一个危险之中的良机。因此，在这种情况下，汉武帝并未派宗正寺出面，以免激化矛盾，而是派了善于斡旋的张骞前往处理。

> 天子遣大行骞验王后及问王勃，请逮勃所与奸诸证左，王又匿之。吏求捕勃大急，使人致击笞掠，擅出汉所疑囚者。有司请诛宪王后脩及王勃。上以脩素无行，使梲陷之罪，勃无良师傅，不忍诛。有司请废王后脩，徙王勃以家属处房陵，上许之。
>
> 勃王数月，迁于房陵，国绝。（《史记·五宗世家》）

张骞受命来到常山国，面临的任务有几项：

第一，核实刘舜病重期间王后是否因为嫉妒不去侍疾？而太子刘勃是否不亲自尝药，又不留宿侍疾？第二，刘舜去世后，刘勃是否侵吞了刘棁的财物？第三，太子刘勃是否私德有亏，有私下奸淫、饮酒取乐、赌赙为戏、击筑作乐，与女子乘车奔驰、穿城过市，进入监狱探看囚犯的种种劣迹？张骞一到达常山国便请求将相关证人收监以供候审，这让刘勃和王后脩非常害怕，他们处心积虑，将所有证人藏匿起来。张骞派人四处搜捕，刘勃竟然拘捕官差，私设公堂，拷打官差，并且将张骞认为可疑的证人放走。

面对常山国内部的种种乱象，张骞处理得游刃有余。他熟知汉武帝颁布的法令，仅一条阿党法便能让常山国上下的官吏望而生畏。张骞将搜集到的证据和调查的情况禀告汉武帝，一场削藩大戏正式揭幕。

宗正寺按照程序请求汉武帝诛杀宪王王后脩和常山王刘勃。刘舜王后脩的品行，汉武帝素有耳闻，他认为一个善妒无德的母亲是导致刘勃恶行的重要原因，加上刘勃没有一个很好的老师的教导和辅佐，纵然有错，也不忍心杀掉他。宗正寺再请废黜王后脩，放逐刘勃，让这一族迁居房陵。房陵县属汉中郡，以"纵横千里、山林四塞，其固高陵、如有房屋"得名。汉武帝最终答应了这一请求。此时，刘勃继承王位只有数月而已，就此终结了他的政治生涯，被贬迁到房陵，封国绝灭。

也就是说，原来的常山国，被名正言顺、有礼有节地削为常山郡，管理的大权回到了中央政府手中。

至此，汉武帝削藩的任务已经大体完成，可以说，这最后最关键的一步棋，张骞起到了至关重要的作用。

或许张骞知道这一生所作已办，大行已满，也或许是戎马二十五年，满身病痛，在回到长安后不久，他无悔无愧的一生悄然结束。作为臣子，张骞为汉武帝尽忠一世；作为外交官，他宽大信人，蛮夷爱之。他的孙子张猛继承了这个家风，也曾经出使匈奴，官至光禄大夫给事中。张骞这短短的一生，足够艰辛，足够惊险，足够宏大！

张骞被葬在陕西省城固县博望镇饶家营村。1983年，这里建起了一座纪念馆，阙式大门，青砖筒瓦，两阙相对，飞檐斗拱。张骞墓坐北朝南，南北长 35.6 米，东西宽 20 米，高 5 米，成覆斗形。四周古柏参天，竹影婆娑。墓前一对汉代石虎，雕工粗犷，姿态雄伟，格局大方。百姓缅怀张骞，赋予石虎以神话色彩：传说是张骞泛舟时所得天宫织女的一对支机石。新中国成立前，这一对石虎一直被当地百姓视为祷病乞嗣求雨的神灵。

在张骞去世的同一年，伊稚斜单于也病死，子乌维单于继位，历史如同永不停止的车轮，转瞬便掀开新的篇章。

第十八章
忠与节：张骞开启的外交家传统

在范晔所著的《后汉书》中记载了一个动人的故事：

> 班超，字仲升，扶风平陵人，徐令彪之少子也。为人有大志，不修细节。然内孝谨，居家常执勤苦，不耻劳辱。有口辩，而涉猎书传。永平五年，兄固被召诣校书郎，超与母随至洛阳。家贫，常为官佣书以供养。久劳苦，尝辍业投笔叹曰："大丈夫无它志略，犹当效傅介子、张骞立功异域，以取封侯，安能久事笔研间乎？"左右皆笑之。超曰："小子安知壮士志哉？"

张骞去世 156 年之后，汉光武帝建武八年（公元 32 年），班超出生在扶风郡平陵县（今陕西咸阳东北），他的父亲是班彪，哥哥是班固，妹妹是班昭。父亲去世后，哥哥班固离开太学，返乡为父亲班彪守丧，并着手撰写《汉书》。这个举动被人上告朝廷，说他私修国史，班固因此获罪。班超愤然上书，为兄鸣冤。永平五年（公元62年），汉明帝看过班固的手稿之后，非常欣赏他，便将班固调任校书郎，旋为兰台令史。兰台，是汉朝的中央档案室，收藏了大量的书籍、档案、地图，是当时名儒著述之处。在这里，班固历时二十余年，终于完成了《汉书》。班超跟随哥哥来到长安，开始时以抄书谋生，十分辛苦。在人生的低谷中，班超常常感叹，立志"立功异域"，万里封侯。

班超的确实践了自己的豪言壮语，他投笔从戎，随窦固出击北匈奴，又奉命出使西域。在31年的时间里，平定了西域五十多个国家，最终受封定远侯。这也让他成为继张骞之后又一个出色的外交家。《后汉书》的作者范晔热情地予以颂扬：

> 论曰：西域风土之载，前古未闻也。汉世张骞怀致远之略，班超奋封侯之志，终能立功西遐，羁服外域。自兵威之所肃服，财

赂之所怀诱，莫不献方奇，纳爱质，露顶肘
行，东向而朝天子。（《后汉书·西域传》）

在张骞和班超之前，人们对西域的风俗人
情、地理环境一无所知。这二人身怀大志，协助
国家镇抚远方，最终在遥远的西域建立功业，并
因此封侯。志远之略，奋侯之志，固然是激励大
丈夫报效君国的内在动力，但张骞的一生，从孝
子、到人臣、到留名青史，为后人树立了一种可
供深度挖掘的特殊人格。可以说，张骞是华夏第
一位外交官，虽然春秋时期的晏子也被誉为外交
家，但张骞是第一个前往语言风俗完全不同、对
地理环境一无所知的国度开展外交并完成使命的
人。纵观他的一生，不得不说，张骞开创了中国
外交官忠与节并重的传统。

忠，敬也。直也。内尽其心，而不欺也。在
我们的印象中，忠是一种下对上的关系，"忠贞
不贰""忠心耿耿"，似乎被简化为一种臣子对待
君主、下级对待上级的行为规范，要顺服听从，
毫不违背。但实际上，忠是指一种真实表达内心
的精神状态。所谓不负初心，竭诚尽力是为忠。
也就是说，忠的对象是自我，而不是他人。张骞
首次出使，两次被抓，在漫长的 13 年的时间里，

如果仅仅是凭借对一个远在天边的皇帝的服从，又怎能熬过诸多艰险和危机?! 正是他这种对自己初心的坚持和忠实，才让他在与汉朝与皇帝长年失去联系的情况下，忠实于自己最初的选择，忠实于自己最初的目标，在被软禁毫无希望之际也能持节不失。因此在《周礼·地官》中，将"忠"视为六德：智，仁，圣，义，忠，和。

从忠于内心开始，进而引申出了外在的行为规范，这就是节。节的本意泛指草木枝干间坚实结节的部分。节是操守，是处理事务的尺度，是一种克制有分寸的态度，是遵循天地之道、法理人伦的次序和位份差异，是对外的示信。张骞即便被匈奴所得，在长达 13 年的时间里持节不失，保持着一个汉使的身份，这是他的操守；而他应对周旋，处理外交议题之际，谨慎与机智并存，在《史记》中，多处记载了张骞灵活的外交策略，在不失汉朝天威的同时，能够清晰地表达诉求，同时维护汉朝的尊严，这是他的有礼有节；而他的宽大信人，以至于提到他的名字就能够让西域诸国对后人产生信任，更是用一生成就了名节。

忠是张骞内在的要求，是他报效家国的根本

173

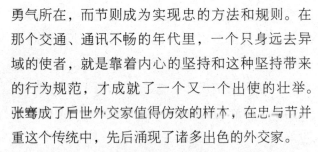

勇气所在，而节则成为实现忠的方法和规则。在那个交通、通讯不畅的年代里，一个只身远去异域的使者，就是靠着内心的坚持和这种坚持带来的行为规范，才成就了一个又一个出使的壮举。张骞成了后世外交家值得仿效的样本，在忠与节并重这个传统中，先后涌现了诸多出色的外交家。

张骞之后，又出现了一名忠与节并重、名留青史的外交家苏武。

苏武，出生于公元前 140 年，杜陵（今陕西西安）人，代郡太守苏建之子。汉武帝天汉元年（公元前 100 年），匈奴乌维单于去世，伊稚斜单于的次子，也就是乌维单于的弟弟且鞮侯单于即位。且鞮侯单于派人将曾经扣押的汉使送回长安。作为酬谢也为表示友好，汉武帝派苏武率领一百多人出使匈奴。可是，当时的匈奴内部正在酝酿一场事变，缑王与虞常正在策划绑架单于的母后作为投名状投奔汉朝，而虞常与苏武的手下张胜从前相识，便将计划和盘托出。但是，计划泄露，苏武、张胜受到牵连，被匈奴扣押。单于派卫律审问苏武。为了不屈节辱命，苏武刚烈地试图自杀，好不容易才被救活。他的气节让且鞮侯单于十分敬佩，想劝降苏武。他们先招降了张

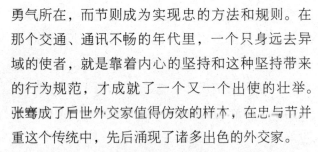

胜，以此威逼苏武，苏武不为所动。后又以利诱，苏武大义凛然地斥走劝降者。

且鞮侯单于听闻这一切，越发敬爱苏武。为了达到劝降的目的，他们开始折磨苏武，想让他意志崩溃。苏武被关进寒冷的地窖，没有食物，他就嚼雪吞毡。匈奴一计不成，便把苏武迁至北海即今天的贝加尔湖一带牧羊，说等公羊生小羊才可归汉。

苏武没有屈服，日夜背负汉节，掘鼠穴找食物充饥，这种忠诚和操守感动了单于的弟弟于靬王。于靬王常与苏武交谈，并送给他日常用品、羊只等。武帝天汉二年（公元前 99 年），投降匈奴的李陵前来游说苏武投降，告诉苏武，他的母亲已经去世，妻子改嫁，劝他早日改弦更张。可苏武回敬说："武父子亡功德，皆为陛下所成就，位列将，爵通侯，兄弟亲近，常愿肝脑涂地。今得杀身自效，虽蒙斧钺汤镬，诚甘乐之。臣事君，犹子事父也。子为父死，亡所恨，愿无复再言。"（《汉书·苏武传》）

这番告白不仅让李陵无地自容，也是千百年来砥砺士子持守丹心的勇气来源，成为民族精神的重要元素。最终苏武经历了 19 年的羁留回到汉朝，此时汉武帝已经去世，昭帝恩准苏武拜谒武帝园庙，官拜典属国。宣帝即位后，赐爵关内侯。

鲜为人知的是，苏武的属下常惠与苏武一起还朝后，被拜为光禄大夫，后来以校尉的职务，协助乌孙昆弥统率的乌孙国兵，大败匈奴。汉宣帝封其为长罗侯。在他的晚年，代替苏武出任典属国，为西域都护府的建立立下汗马功劳。

汉武帝时期，不仅有张骞、苏武、常惠，还有冯奉世。冯奉世是西汉上党潞（今山西黎城县）人。汉武帝将当时任职郎官的冯奉世封为卫侯使，派他护送大宛使者回国。他们到达鄯国时，莎车国王去世，他的弟弟呼屠征趁机杀死汉朝新任命的国王万年和汉使奚充国，并逼迫南路各国立盟反对汉朝。冯奉世当机立断，率军以迅雷不及掩耳之势攻破莎车城。呼屠征自杀。此后，冯奉世一直在西域事务上大有作为，典属国常惠死后，他即代为右将军典属国，又拜为光禄勋。永光二年秋，平定羌军的叛乱，封爵关内侯。冯奉世一生经历武、昭、宣、元四帝，在西汉统一大业上战功卓著。

汉昭帝时，西域的龟兹、楼兰联合匈奴，杀汉使官，掠劫财物。北地义渠出生的傅介子当时任骏马监，他要求出使大宛，当面谴责楼兰王、龟兹王。在当面责问楼兰王之际，他又表现出了极大的智慧，宣称汉朝大部队即将到来，迫使楼兰王和龟兹王先后服罪，并当机立断杀掉匈奴使者。傅介子因此被任命为中郎，升为平乐监。可是，傅介子深知楼兰、龟兹这些小国反复无常，必须从根本上解决，因此深入楼兰，斩杀楼兰王，这个举动震慑了西域诸国，也遏制了匈奴的战略企图，傅介子最终被封为义阳侯。

另一个威望较高的是西域都护段会宗。段会宗是陇西郡上邽县即今甘肃天水市人。他一生两任西域都护，六出西域，其中四次专使乌孙。当时，汉王朝对大昆弥部和小昆弥部都赐予了印绶，导致了乌孙的分裂，而段会宗面对的就是这种"汉用忧劳，且无宁岁"的复杂局面。他为人好大节，矜功名。他七十高龄还走马上任，威望极高，一入西域，各国国王都派遣子弟出城数十里相迎。乌孙国的小王甚至不远千里到龟兹迎接。由于他出色地处理了乌孙事务，多次平定乌孙内乱，皇帝封段会宗为关内侯，赐黄金万两。

一位又一位名臣，在张骞开启的忠与节并重的外交传统中熠熠生辉，《汉书·傅常郑甘陈段传》专辟一卷讲述他们经营西域的功业。在这一系列的著名外交家中，班超尤其出色。永平十六年（公元73年），汉明帝派遣班超出使西域，镇抚西域各国，西域与汉断绝六十五年的关系至此恢复。永元十四年（公元102年），班超从西域返回洛阳。班超在西域三十年，以"不入虎穴，不得虎子"的勇气和智慧，平定了西域五十多个国家，为促进民族融合做出了巨大贡献，对巩固我国西部疆域，促进多民族国家的发展做出了卓越贡献。同时，保卫了"丝绸之路"，促进了中国和中西亚各国的经济文化交流。

和张骞一样，班超也派遣了多名副使，继续向纵深探索。在他派遣的使者中，有一位十分著名，他就是甘英。

甘英，字崇兰，一直追随班超辗转西域。在汉和帝永元九年（公元97年），他奉时任西域都护班超之命出使大秦。在《后汉书·西域传》里，曾经记录了这个国家：

> 大秦国一名犁鞬，以在海西，亦云海西国。地方数千里，有四百余城。小国役属者数十。以石为城郭。列置邮亭，皆垩墍之。有松柏诸木百草……

在接受班超的出使任务之后，甘英率领使团从龟兹出发，经过疏勒，翻过帕米尔高原后，抵达大宛、大月氏，然后到达安息。安息是十分重要的贸易中心，它也被称为阿萨息斯王朝或帕提亚帝国，安息的首都和椟城在古希腊语中为He-catompylos，意思是"百门之城"。虽然和椟城只有四个城门，但这个名字大概寓意了安息四通八达的商贸网络。甘英从这里继续前行，并终于抵达了条支。

条支，据说是塞琉古王国，这个西亚古国位于两河流域，也就是今天的伊拉克境内。在这里，甘英似乎终于走到了某种边界，他到达了波斯湾，面对大海，他甚至亲自尝试了海水，"海水咸苦不可食"（《晋书·四夷传·西戎传附大秦国传》）。毫无航海经验的甘英在不知所措之中向当地的船工咨询，得到了这样的回答：

> 海水广大，往来者逢善风三月乃得度，若遇迟风，亦有一二岁者，故入海皆赍三岁粮。（《后汉书·西域传》）

也就是说，想要渡海，要等到合适的季风季节，而且要准备足够的粮食才能安全抵达。不仅如此，在《晋书》上，还透露了一个特别的理由：

> 海中有思慕之物，往者莫不悲怀。若汉
> 使不恋父母妻子者可入。（《晋书·四夷传·
> 西戎传附大秦国传》）

有人说所谓的思慕之物，便是传说中的海妖，而"船人"到底是亲眼所见，还是以讹传讹，又或者是当地垄断商为防止中国通商损失利益而使出的诡计，现在已经不得而知。甘英停止了探索的脚步，在大海前打道回府，最终未能到达大秦。

不过，甘英却是史书中记载的首位抵达波斯湾的中国人。也就是说，在张骞之后，他又丰富了有关西域人文、地理等方面的信息，他是当时中国走得最远的使臣。将近七十年之后，公元166年，大秦王安敦的使者终于抵达汉朝，不知道他们当时是否谈起过甘英。

从张骞到苏武、常惠、冯奉世，再到东汉的傅介子、班超、甘英，两汉的外交家们继承了这种忠勇的精神，在处理外交事务上，不失大节，灵活智慧地处理一次又一次危机。而纵观当时的外交政策，还有一批以和亲方式为外交做出卓越贡献的女"外交家"，从细君公主开始，到解忧公主，再到冯夫人，她们先后为乌孙与汉朝联合抗击匈奴做出了卓越的贡献。这个外交的脉络也一直未曾断绝，从昭君出塞，到文成公主和亲吐蕃，许多的冲突和战争，因为她们个人的牺牲而得以避免。

正是有了通过种种方式换来的和平环境，中国和西域的外交中才有了其他的内容，不但有经济的往来，还有重要的文化交流。东汉明帝永平八年（公元65年），郎中蔡倍、博士弟子秦景等18人出使西域，拜佛求法。他们邀请天竺国沙门摄摩腾、竺法兰二僧，携带《贝叶经四十二章》及佛像，于永平十年（公元67年），用白马驮回洛阳。后于洛阳城西二里御道北建白马寺。这是佛教传入我国之始。

唐代的高僧玄奘从长安西游，历尽千辛万苦，到达印度带回经书657部，十年间与弟子共译出75部1335卷。玄奘与鸠摩罗什和真谛一起被称为佛教三大翻译家。他撰写的《大唐西域记》十二卷，记述了他西游亲身经历的110个国家及传闻的28个国家的山川、城邑、物产、习俗等。这位法相宗创始人深刻地影响了佛教在中国的传播。

律宗南山宗传人鉴真大师，应日本留学僧请求先后 6 次东渡，在 5 次渡海失败、双目失明的情况下，终于于公元 753 年东渡日本，掀开了日本佛教史中崭新的一页，他是日本佛教南山律宗的开山祖师，他的去世被日本人民称为"天平之甍"。不仅如此，在医药、书法、建筑、造像艺术等多方面，鉴真对于日本有极其深远的影响。

最盛大的外交事件当属明代航海家、外交家郑和的 7 次下西洋。当时东南亚的爪哇、遥罗对外扩张，欺压周边，杀害明朝使臣，拦截向中国朝贡的使团，海盗猖獗，因此，在"内安华夏，外抚四夷，一视同仁，共享太平"的外交政策下，郑和率领船队，先后 7 次下西洋，完成了人类航海史上的伟大壮举。

无论是致远封侯，还是传播文化，这种种的外交壮举都是从张骞的凿空西域开始的。从张骞开始，我们看到了中国外交事业的心理和事实脉络，这条光彩夺目的道路上，布满了他们的忠与节。

第十九章
大行的礼物——丝绸之路

伴随着张骞两次出使的成功，汉武帝先后在河西走廊设立了武威、张掖、酒泉、敦煌四郡，史称"河西四郡"。同时，汉武帝又调遣驻军，将秦长城从令居（今甘肃省永受县）延伸到了阳关、玉门关。大量移民在这里兴修水利，屯垦农田，使河西四郡成为汉朝经营西域的基地。原来被匈奴占据的游牧区渐渐变成了农耕区域，生活方式的转化，使得天山以南的诸国越来越深地受到汉朝的影响，最终与汉朝血肉相连。天山以北的乌孙通过和亲与汉朝结成了抗击匈奴的联盟。通过这一系列的措施，汉朝最终实现了"断匈奴右臂"的安全战略。

太初四年（公元前 101 年），汉武帝在轮台

（今轮台县东南）和渠犁（今库尔勒西南）设立了使者校尉，管理西域的屯田事务。这是西汉朝廷在西域第一次设置官吏。公元前 60 年（汉宣帝神爵二年），匈奴日逐王率众投降，西汉取得了对匈奴战争的最终胜利，设置了西域都护府。于是，一条由中原朝廷管理并经营的通商道路彻底贯通，开启了几千年的大交流。日本学者长泽和俊在《丝绸之路史研究》一书中说，这是一条"连接三个大陆的道路""其领域异常辽阔而复杂，有无数的民族与这条道路发生了关系。其规模之宏大，要说整个人类的历史与之有关也毫不过分"。这条道路，便是张骞为世界留下的礼物。

通过这条道路，西域的物产大量流入中国，为中国创造了新的生活内容和财富，而中国的物产也源源不绝地通过这条道路，向全世界传播。先进的冶金技术、造纸、指南针、印刷术、火药、茶叶、漆器以及大黄等药材、排箫等乐器传到了西方各国。西域各国贵族子弟经常到长安学习汉文化，受到重大的影响。与汉通婚的乌孙王，生了个女儿，长成后来中原学弹琴，路过龟兹，被龟兹王留作夫人，并一同到长安学汉人生活风习。在一切物质与精神的交流中，佛教通过龟兹进入中原，龟兹人鸠摩罗什把梵文佛经翻译成汉语，将300种佛经，尤其是《妙法莲华经》带到中原。佛教改变了中国文化艺术，佛经的翻译让汉语产生了巨大的变化，使汉语增加了35000个新词。

在这条道路上流通的所有商品中，最重要的商品便是丝绸。

斯文·赫定在《丝绸之路》中提到："大约在公元100年，马其顿丝绸商人马埃斯·蒂蒂亚诺斯派其代理人去了新疆，他们来到生产丝绸的赛里斯（古代希腊、罗马将中国称为赛里斯国，赛里斯一词就指丝），他们的旅途见闻被地理学家马利诺斯看到，后为托勒密在《境域志》（《地理学指南》）所引用。"丝绸为何会成为这条商路上最受欢迎的商品？根据美国学者芮乐伟·韩森在《丝绸之路新史》中的考证，在这条道路上的贸易往来中，有三种硬通货：铜钱、谷物和丝绸。铜钱作为货币，因为其重量，不易携带，所以常常短缺；而谷物，更是因为体积的原因难以运输，而且要经受住季节和气候的变化非常困难，常常在运输途中就会发生霉烂；而丝绸，最

大行的礼物——丝绸之路　第十九章

容易储存、运输和计算。据说，当时在河西四郡，很多军饷就是丝绸，因此，丝绸在西域广泛流通，丝绸也成为这条商路的标志。

1868 年 9 月，德国地理学家李希霍芬（1833—1905）来到中国，开始了为期近四年的考察；到 1872 年 5 月为止，他行走了 7 条路线，考察了中国 14 个省市地区。归国之后，他先后撰写了五卷附图的《中国——亲身旅行的成果和以之为根据的研究》。在这套巨著中，他写到了这条连接中国和中亚的商路："以丝绸贸易为媒介的这条西域交通路线叫作丝绸之路"，创造了"丝绸之路"的名称。这之后，探险家斯文·赫定（Sven Hedin）在 1936 年出版的著作就叫《丝绸之路》，从此，这个名词便约定俗成，一直沿用。

芮乐伟·韩森也曾经描述过这条"丝绸之路"的真实状态："丝绸之路是一系列变动不居的小路和无标识的足迹。因为没有明显可见的路，旅人几乎总是需要向导引领，路上如果遇到障碍就会改变路线……这些蜿蜒的小路在绿洲城市中交会——这些城镇是沿着塔克拉玛干的半独立的城市国家，无论是独立还是在中国治下，都监管贸易并购买货物和服务。贸易一穿过无人管理的地区进入这些绿洲就会被高度管控起来。"

这些"变动不居"同时又被中央政府"高度管控"的小路，根据其存续的不同历史时空，又被日本学者归纳为三种类型：草原路、绿洲路和南海路。"草原路"这条道路主要存在于古代史的时空之中，是中国通往北亚的道路。"绿洲路"也就是从古代后期到中世纪这个时空区间中经由中亚的道路，从两汉到隋唐，丝绸之路又在西南和海上扩展出去，进一步发展。伴随元朝帝国的远征，欧亚广大地域范围内国际商队长途贩运活动再度兴盛起来。最负盛名的要数马可·波罗。《马可·波罗游记》中记述了当时繁忙的商业往来："凡世界上最为珍奇宝贵的东西，都能在这座城市找到……这里出售的商品数量，比其他任何地方都多。"明清时期，所谓"南海路"也就是我们通常所说的海上丝绸之路，越发兴旺。这条海上通道在隋唐时期的大宗货物仍然是丝绸，但是宋元时期转化为瓷器和香料。到了明代，随着造船技术的大发展，郑和七下西洋，标志着海上丝路发展到了极盛时期。清代实行海禁，只保留了广州作为唯一对外开放的贸易大港。

斯文·赫定毫不掩饰他对丝绸之路的溢美之词："可以毫不夸张地说，这条交通干线是穿越整个旧世界的最长的路。从文化历史的观点看，这是连接地球上存住过的各民族和各大陆的最重要的纽带。"日本学者长泽和俊更是将丝绸之路比喻为人体大动脉一样重要，它贯通了亚洲和非洲大陆，是世界史发展的中心，世界各地的文化通过商队的流动而得到传播。"有人和物两条线索。人包括：张骞、甘英、法显、惠生、玄奘、马尼亚赫、蔡马库斯、耶律楚材、长春真人、常德、柏郎嘉宾、罗伯鲁、马可·波罗、和德里、伊本·拔都塔等。商人、工匠、士兵、宗教人士、俘虏难民往来此道；物包括：从诺音乌拉和楼兰或从叙利亚的巴尔米拉出土的汉锦，从中国各地出土的玉制品及罗马的玻璃、伊朗的银制品、犍陀罗的佛教美术、中国的纸张与陶器、米兰出土的波斯锦，此外还有精神文化。"伴随着这条道路，产生了诸多伟大的帝王和古代文明，包括"美索不达米亚文明、埃及文明、印度河文明，中国文明等许多古代文明"。长泽和俊甚至将这条道路命名为"求道之路"，因为祆教、基督教、佛教、摩尼教、伊斯兰教等宗教沿着这条道路双向传播，从根本上改变了人类的文明。贯穿了两千年的丝绸之路的历史，是从张骞的凿空西域开始的。我们不得不承认，如果没有张骞的艰难凿空，今天的世界，有可能是另外一个模样。

第二十章
丝绸之路的衰落与重启

　　这条由张骞开创的改变世界格局的丝绸之路，从一开始便是一条艰辛的商旅之路。1993年，英国军官、探险家查尔斯·布莱克摩尔（Charles Blackmore）带领一支探险队穿越塔克拉玛干沙漠。他们考察的经历和获得的真实数据，能够让我们对当年丝绸之路商旅的艰辛有切身的体验。

　　从楼兰到喀什东南的麦盖提，驼队走了59天，行程1400公里，平均一天21公里。在沙丘地带，不到16公里。在戈壁上，最多能够走24公里。走出沙漠后，则会发现地球上诸多大的山脉如喜马拉雅山脉、天山、喀喇昆仑山、昆仑山、兴都库什山都汇集于此，形成了帕米尔高原，古称葱岭。走过一段就可以一路西下，到达撒马尔罕或者向南进入印度。但从撒马尔罕穿过整个中亚到达长安，长达3600公里。马可波罗号称从陆路出发，从欧洲一直到中国，从海陆返回。大多数人只是走了其中一段，从家乡到临近的绿洲，500公里左右，然后商贸货物小范围内多次转手。（《丝绸之路新史》芮乐伟·韩森）

　　他们的科考经历和获得的真实经验，真切地呈现出丝绸之路陆路交通的弱点：地理环境险恶，气候不佳，运输困难，运输数量有极大限制。即便在古代，游牧民族也不得不逐水草而居。每当自然环境改变，遭遇自然灾害，或者自然资源耗尽，这条道路就不得不随时变动；由于复杂的民族构成，这条道路一直都被战争侵扰。而战争也是草原路衰落的原因之一。

　　武则天登极后，改国号为周，将都城从长安迁到洛阳；这个政治中心东移、经济中心南移的过程，也伴随着丝绸之路的逐渐衰落。尤其是安史之乱，几乎摧垮了唐朝的政治和经济，藩镇割据使得朝廷对丝路无力管理。南宋偏安杭州，再也没法控制住河西地区。因此，南方丝绸之路与海上丝路逐渐取代西北丝路。

到了明朝，气候的变化让西北丝绸之路的发展进一步受限。根据气象学家竺可桢的考察，中国历史上几次最大规模的社会动乱时期与四次小冰河期有密切关系，明与清恰好处于第四次小冰河期。寒冷的气候使得北方粮食减产，饥荒造成的动荡和战乱让西域非常不适合人类居住，人口大幅减少，西北丝绸之路的东端几乎荒废。这为海上丝绸之路的发展创造了大的机遇。

西北丝绸之路逐渐荒废的同时，海上丝绸之路的发展亦面对更为激烈的竞争和冲击。15世纪开始，人类迎来了地理大发现时期（Age of Discovery）。在这个大航海时代里，欧洲人带领的船队，在世界各地的海洋上开辟新的航线，沿途寻找新的土地，发展贸易。克里斯托弗·哥伦布、瓦斯科·达·伽马、佩德罗·阿尔瓦雷斯·卡布拉尔、胡安·德拉科萨、巴尔托洛梅乌·迪亚士、乔瓦尼·卡波托、胡安·庞塞·德莱昂、斐迪南·麦哲伦、亚美利哥·韦斯普奇与胡安·塞瓦斯蒂安·埃尔卡诺，这一大批的冒险家航海家，将人类带进了一个全新的时代。当年，郑和曾经带领强大的舰队七下西洋，科技史学家李约瑟曾评价这支舰队："从容温顺，不记前仇，慷慨大方，从不威胁他人的生存，虽然以恩人自居；他们全副武装，却从不征服异族，也不建立要塞。"可是，远洋航行的欧洲人却完全不是这样，大航海时代的历史是地理大发现的历史，也是一部侵略的历史；而亚洲，是这个侵略战争中的一块大蛋糕，中国就是蛋糕上最甜美的部分。在法国学者阿里·玛扎海里的《丝绸之路：中国—波斯文化交流史》中，深刻地分析了当时欧洲人想要掌控全球航海商路的欲望。当时葡萄牙人想要从海上垄断欧亚之间的贸易，但由于丝绸之路的存在，他们无法轻易达成这个目的。不仅如此，他们的海路贸易"还有竞争者：荷兰人、法兰西人、英吉利人的海盗——这一情况直到英国成立了东印度公司"。

欧洲人对欧亚商路的垄断是丝绸之路衰落的原因之一，另一个重要的原因是工业革命。机器取代人力，让大批的工业品取代了传统个体的手工产品，比如"**麝香被合成麝香取代，铜镜、铸**

铁火炉、饭锅、火镰、钢针、钳子、铁锉，尤其是纸张还有古代的织物"。来自于中国的那些经久耐用、美丽昂贵、甚至可以充当"货币"的丝绸，被大量廉价的纺织品替代；同时，曾经让全世界贪恋的精美瓷器和珍稀的香料，也随着工业品的量产被挤出了市场。

西北草原丝绸之路逐渐凋敝，海上贸易之路又受到巨大的冲击，加之流通的传统货物被工业时代的商品取代，至清乾隆年间，丝绸之路迎来了最后一批客人，据说"波斯国王沙纳迪尔向乾隆皇帝派遣使节"是丝绸之路时代"最后一次外交事件"。（阿里·玛扎海里著《丝绸之路：中国—波斯文化交流史》）这条曾经承载了商业贸易与文化交流的道路，就此失去了光彩，沉睡在大地之中。

但人们对丝绸之路的好奇，一直都没有中断过。这个由古丝绸之路带来的考古梦，掀开了一次又一次考古热潮。1895 年，斯文·赫定开启了新疆科考的大幕。在斯文·赫定之后，马尔克·奥莱尔·斯坦因分别于 1900－1901 年、1906－1908 年、1913－1916 年、1930－1931 年进行了著名的四次中亚考察，考察重点是中国的新疆和甘肃，他所发现的敦煌吐鲁番文物及其他中亚文物是今天国际敦煌学研究的重要资料。他们代表的是 19 世纪末西方学者对丝绸之路的考古热潮。从那时起，对这条道路的考察，一直持续到今天。其实，所有的探索，不仅仅是好奇，在这份热忱背后，试图重新经营丝绸之路的想法一直没有断绝。即便在清朝，为了平定新疆，清政府也曾经重新建设敦煌。而斯文·赫定也正是凭借重启丝路的想法，才得到了一个重大机遇。

1933 年 6 月 28 日，斯文·赫定热情地谈起了他对重启丝绸之路的见解，他先后五次递交备忘录，终于争取到了考察的邀请。在他看来，这条历史上伟大的交通线将在未来起到更大的作用：

> 这条路不仅会有助于中华帝国内部的贸易往来，还能在东西方之间开辟一条新的交通线。它将连接的是太平洋和大西洋这两个大洋、亚洲和欧洲这两块大陆、黄种人和白种人这两大种族、中国文化和西方文化这两大文明。在这因怀疑和妒忌而使各国分离的时代，任何一种预期可以使不同民族接近并团结起来的事物，都应得到欢迎和理解。

斯文·赫定认为，这只是第一步；下一步的举措应该是"修筑一条通向亚洲腹地的铁路"。

　　对凋敝古丝路的惋惜透露了有识之士对丝绸之路的认识，也让重启丝路的想法越发旺盛。这个梦想随着 1988 年丝绸之路申遗开始，变得越来越现实。1998 年，联合国教科文组织启动了"对话之路：丝绸之路整体性研究"项目，提出丝绸之路申请世界文化遗产的想法。中华人民共和国与哈萨克斯坦、吉尔吉斯斯坦、塔吉克斯坦、乌兹别克斯坦、土库曼斯坦达成了跨国联合申遗的共识。2011 年 12 月，中国国家文物局确定与哈萨克斯坦、吉尔吉斯斯坦两国代表研究推动三国联合申遗工作，并草签《丝绸之路跨国申遗工作备忘录》。2014 年 6 月 22 日，在第 38 届世界遗产大会上，丝绸之路申遗正式成功。

　　对于丝绸之路的重启来说，申遗成功不是结束，而是起点。站在今天的视野中，我们对丝绸之路重启的设想，也发生了巨大的变化。重启的丝路将贯穿亚欧非大陆，"丝绸之路经济带"和"21 世纪海上丝绸之路"这"一带一路"的提出和建设，也在不知不觉中改变了我们对未来的想象。如果说，古丝绸之路是"以最近的路线穿越了整个旧世界的横断面"，那么新的"一带一路"将为整个世界带来可期的福祉。

如今在中国，在丝绸之路的起点，张骞的雕像一直矗立，头顶永恒的星空，长久凝视着未知的地方。